脳内麻薬で成功中毒

増田勝利

KATSUTOSHI MASUDA

ADDICTION TO
SUCCESS CAUSED
BY BRAIN DRUG.

冬至書房

はじめに

あなたの願望が必ず実現する驚異の「サクセス・ハイ・メソッド」

本書を手に取っていただき、ありがとうございます。

この本は、脳科学から私が得た知識をベースに、脳の働きを最大限に活用し、人生を楽しみながら、最短・最速で成功に至るための方法について書かれたものです。

「今抱えている悩みから解放され、毎日楽しい人生を手に入れたい」
「ずっと考えてきた夢の実現に今からでも挑戦してみたい」

「人間関係でのトラブルをなくし、もっとコミュニケーション上手になりたい」
「経済的な豊かさを手に入れて、自由で幸せな人生を送りたい」
「いつまでも健康でありたい」

多くの人がこれらの願望を抱きながら、現実とのギャップに悩んでいるのではないでしょうか？　そして、その悩みを抱えているうちに、「そんないいことが自分の身に起きるはずはない」と感じ、あきらめてしまうのです。

ですが、あきらめるのは、少し待ってください。

ここで例に挙げた願望は、誰もが持つ「脳」の力を発揮させることで、いずれもかなえることができるのです。

普段はあまり意識したことがないかもしれませんが、私たち人間の脳は、実に驚くべき力を備えていいます。しかもありがたいことに、**脳は年齢に関係なく私たちの働きかけに応《こた》え、いつまでも成長してくれる**のです。

これはあなたがいつか息を引き取るまで続きます。

肝心なのは、自分の願望を実現させるために脳をどう使うかです。まずはあなたの脳の実力を信じ、本書で紹介されているノウハウを1つひとつ実践してみてください。

そうすれば、間違いなく願望はかないます。

成功が止まらない！　あなたも達成中毒者に

ところが残念なことに、多くの人が自分の脳を効率的に働かせることができず、気持ちとは裏腹に、自らを萎縮《いしゅく》させた日々を送っています。

現実と願望とのギャップ……。これに気が付き、悩んでいるうちはまだ救いがありますす。しかし次第にそのギャップが当たり前になり、居心地の悪ささえ感じなくなってしまうのです。


こうした状況に陥る前に、考え方を変えなくてはいけません。

あなたには、無限の可能性が秘められているのです。

それを活《い》かすのか、それともムダにしてしまうのか。

すべてはあなた次第です。

1つでもいいから胸に抱いてきた願望を実現させ、最高の気分に浸ってみたいと思いませんか？

1つのことが実現すれば、また別のことを実現させたいという意欲が湧《わ》いてくるでしょう。

これを繰り返すうちに、**いつしか達成中毒のような状態、つまり成功に満ちた「ランナーズ・ハイ」ならぬ「サクセス・ハイ」になることができる**のです。

こんなことを言うと、長時間働いたり、汗水流すような労働を強いられたり、精神的につらい努力を求められるに違いないと早とちりする人がいます。

しかしここで断言します。

苦痛を伴うようなことは一切する必要はありません。

自分自身の意識を変え、それを脳に根付かせることで自然とあなたの行動に変化が現れ、連鎖的なメリットを享受できるようになるのです。

本書に興味を持っていただいたからには、あなたにはもう、それらのメリットを受け取る準備ができていると言っていいでしょう。

この本では、これまでに2万件以上のカウンセリング実績から導き出した私自身の考えを基に、最大かつ最適な成果を出すための方法を紹介しながら、「新しい生き方」を提案していきます。

その軸となるのが「脳科学」です。

脳科学は、日進月歩で進化しており、従来の概念を覆すような新たな脳のパワーも認識されています。誰にでもわかりやすく、すぐに実践できる方法を数多く紹介しているので、すぐに取り組めそうなものはその場ですぐに始めてしまってもかまいません。

使われていない自分自身の脳の力を解放するだけで、あなたの人生は確実に変わり

ます。

「脳」を理解すると誰もが変わる!?

ここまで断言されると、中には逆に疑いを持つ人もいるかもしれません。

そこでこれまでに私がカウンセリングをしてきたクライアントの声を一部紹介しておきます。

「くよくよと悩みがちな性格でしたが、自分の『脳』の秘めたる機能を知ってから、些細《ささい》なことで悩むことがなくなりました。これまでの自分は何だったのかと思うくらい、**今では前向きでやる気に満ちた日々を過ごしています**」

（50代　女性　会社員）

「学生時代から思い描いていた夢があったのですが、就職後はそれについて忘れようと努めてきました。ところが、なかなか忘れられずに思い悩んできたのです。ですが、カウンセリングを受けて、就職したからといってあきらめる必要はないと気が付かされました。**意識が完全に変わってしまったのです。驚きでした**。今は、会社での仕事を続けながら、学生時代にやろうとしていたことの実現に向けて、時間を作ってコツコツと努力しています。こんなに気持ちが晴れやかになるとは思っていませんでした。**気が付くのがあと10年遅かったらと思うと、ゾッとします**」

（30代　男性　会社員）

「経済的な豊かさと幸福について、両者の関係が明白になりました。2つは緊密に絡み合い、バランスが取れたときに最高の状態を得られることが理解できてよかったです。どうして経済的な豊かさが必要なのか、正直、それまで深く考えることはありませんでした。それが**今では、自分の中に確固たる考えを持っています**。これからはお金ばかりに振り回されず、上手に稼いでいくことで、**豊かさと幸福の両方を得られることができる**と思います。もう最高です！」

（20代　会社員　男性）

「脳と健康にこれほど密接な関係があるとは考えてみたことがありませんでした。カウンセリングを受けて、その考えはがらりと変わりました。**健康でいることが、その他あらゆる物事にも影響を与える**という事実を理解できてよかったです」

（60代　女性　無職）

これらはほんの一部にしか過ぎません。

脳を知り、意識を変えることができれば、自分の人生を思いどおりに歩んでいくことができるのです。

脳力を活性化させる数々の実践法を一挙紹介

それでは実際に、この本に書かれている内容を簡単に説明していきましょう。

第1章　思考が現実化する本当の理由

私たちの思考が現実となってあらわれる仕組みについて解説していきます。また私たちが抱く悩みの正体についてもその秘密を暴きます。

どうして人は悩むのでしょうか。そしてその正体とはいったい何なのでしょう。

それらを知れば、**悩みを解決するのは難しいことではなくなります**。また、悩みに対する既存の考え方を見直し、悩みとは無縁の人生を送るためのヒントも提供します。

第2章　必ず目標達成させる脳

掲げた目標を達成できずに立ち止まっている人たちがたくさんいます。彼らは「運」や「実力」「知識」「技術」がないと嘆きますが、はたしてそれが目標達成を阻む本当の理由なのでしょうか?

目標を達成するには、意識を変え、脳を効率的に使うことです。

脳について、これまで自分が固定観念にとらわれていなかったか、確認しながら読み進めていってください。

第3章　人間関係の悩みをなくす脳

人間関係の悩みは本当に厄介です。しかしそれだけにそれが解消されたときに得られるメリットは大きいものになります。

「人間関係の秘訣《ひけつ》」とはいったい何なのでしょうか。

自分の考え方を少しだけ変え、相手の立場に立つだけで、自分を取り巻く状況は大きく様変わりするのです。

第４章　お金に一生困らなくなる脳

経済的な豊かさについて、正しい知識を持っていますか？　そもそもお金はどうやって誕生したのでしょう。

こうした経済の問題と脳の働きを理解して、**豊かさと幸せの両方を手にする〝欲張り〟な方法について説明**していきます。

第５章　年齢に関係なく健康になる脳

世の中には「健康になっていく人」と「健康になれない人」がいます。その違いは物事を「継続」できるかどうか。

「継続は力なり」と言いますが、この言葉は健康にも当てはまるのです。肉体的な健康だけでなく、精神的な健康も忘れてはいけません。脳の覚醒という観点からも健康を語っていきます。

脳内麻薬を使いこなすサクセスジャンキー

想像してみてください。

毎日悩みとは無縁の暮らしをし、いくつかの目標に向かって着実に邁進《まいしん》している自分の姿を。家族や友人との関係も良好で、信じられないくらい幸せな気分に包まれている自分を想像してみるのです。

仕事も順調で、経済的にも不満はありません。仕事とは別の目標に関しても、その実現が少しずつ近づいていることを日々感じている状態です。おそらく近い将来、それらの目標の1つが実現するはずです。

体調も万全。よく眠り、目覚めると体にはエネルギーが満ち溢《あふ》れているのが毎朝感じられます――。

こんな自分になりたいとは思いませんか?

脳の働きを活性化させることができれば、それは可能なのです。脳が拡散する「脳内麻薬」の力は本当に計り知れません。

今の自分は想像の中の自分とはかけ離れているかもしれません。それでもいいのです。ギャップがあればあるほど、脳はそのギャップを埋めようと活発に動き出します。

脳にとって原動力となるのは、あなた自身が想像し続け、自分を変えようとする意識です。

今から1年後、これから本書を読み進めようとする現在の自分を思い出し、どれだけ変わったか懐かしく感じてほしい——。これが私の願いです。

脳の力を正しく理解し、それを上手に活用すれば、あなたは確実に想像した姿に変われます。

そんな自分に巡り合うために、自信を持って第一歩を踏み出してください。

装　丁　　菊池 祐
編集協力　野口孝行
校　正　　櫻井健司（コトノハ）
DTP　　　荒木香樹

脳内麻薬で成功中毒　目次

脳内麻薬で成功中毒／目次

第2章　必ず目標達成させる脳

第4章

お金に一生困らなくなる脳

第5章

年齢に関係なく健康になる脳

第1章

思考が現実化する本当の理由

そもそも悩みなんてものはない!?

「はじめに」でも触れましたが、私はこれまでに2万人以上の方たちのカウンセリングを行ってきました。

カウンセリングと言うと、精神障害の患者が通うところと捉えている人も少なくないかもしれません。

確かに、カウンセリングにはそういった側面も往々にしてあると思いますが、私の場合は特に対象を絞らず、次のように幅広く対応をしてきました。

- 悩んでいる人　→　カウンセリング
- 疲れている人　→　セラピー
- トラウマを抱えている人　→　ヒーリング
- 目標を達成したい人　→　コーチング
- 組織を活性化させたい人　→　マネージング

・ビジネスを成功させたい人　↓　コンサルティング
・スキルを身に付けたい人　↓　ティーチング、インストラクション

このように、相談内容は多種多様かもしれません。ただし、私が行ってきたのは「相談者・クライアントの相談に応《こた》える」という単純なことなのです。

ところが、世間一般では、カテゴリーごとにセラピーやらコンサルティングといった名称が付いて回ってきます。

私は特に名称にはこだわらない人間です。したがって、これらを1つに集約してカウンセリングと呼び、自分自身のことはカウンセラーと位置付けています。

これまで、本当に色々な相談を受け、話を伺い、解決法を提供してきました。これを繰り返す中で、私はとても重要なことに気付くことになったのです。

（相談者は悩みや問題を抱えていると言うが、そもそもそれらは本当に存在するのだろうか……）

例えば、今私の目の前にパソコンがありますが、これが突然なくなるというのは絶

対にあり得ません。目の前からなくすには移動させるしか方法はありません。

この場合、パソコンが目の前のデスクから移動しただけであって、パソコンそのものは依然存在します。

しかし、クライアントの相談に乗り、悩みや問題をクリアしていくうちにわかったのは、パソコンのたとえのような理屈が当てはまらないということです。悩みや問題をクリアしたクライアントにとって、それまで存在した悩みや問題はどこかに移動させたのでもなく、どこかに置いてきたわけでもありません。ある時を境にして、完全になかったものとして捉えているのです。

このことは冷静に考えると驚くべきことではないでしょうか。この事実に気が付いた私は、1つの仮説を立ててみました。

(ひょっとして、悩みなんてものは最初から存在しないのでは⁉)

そんな思いを強くしながら色々と調べてみると、この仮説はすでに脳科学によって正しいと証明されていたのです。

結論を申し上げましょう。

あなたの悩みはすべて嘘《うそ》（幻想）なのです。

この結論の正当性については、本書の中でじっくりと説明していきます。

世界を形作る本質は情報である

現代とは、情報に充《み》ち満ちた社会です。アメリカの公的機関の発表では、ニューヨークタイムズの１週間の情報量は、１７００年代に生きていた個人が、一生の中で得る情報量よりも多いのだそうです。さらに言うと、現代社会が世の中に発信する情報は毎週２倍のペースで増えているといいます。

なんという時代でしょうか。私たちは、とてつもない情報社会に生きているのです。気が遠くなるような膨大な情報に囲まれながら、人々は生きています。もしかしたら、**私たちの世界を形作る本質とは、「情報」なのかもしれません。**

例えば、経済。

自分がどこかの会社に勤務しているとします。毎月、給料日には銀行口座にお金が振り込まれるはずです。勤めている会社のメインバンクがA銀行で、自分の口座はB銀行だった場合、会社の経理担当者は、A銀行からB銀行への送金手続きを行うことになります。

では、A銀行の担当者は、送金依頼があった額の紙幣を抱え、B銀行に持っていくのでしょうか？

もちろん、そんなことはしません。

A銀行からB銀行の間で電子取引が行われ、自分の口座に額が振り込まれるだけです。

私たちの多くは、実在の紙幣（お札）や貨幣（コイン）を便宜上、データに移し替えて、指定された額をやり取りしたものを電子取引だと理解しています。実際問題として、電子取引がこのようなものなら、世の中にある紙幣や貨幣の量と電子取引されているデータの総額はイコール、もしくはデータのほうが少なくなければ帳尻が合わなくなってしまうはずです。

しかし実態は、発行済みの紙幣や貨幣の総額よりも、データでやり取りされている総額のほうが2倍以上も多いと言われています。これが意味するのは、実体である紙幣や貨幣の量よりも、実際には存在しないデータ上の額面のほうが多いということです。不思議な仕組みに映るかもしれませんが、取り付け騒ぎのようなことが起きない限り、この状態でも経済は成り立つのです。そして多くの人たちが、働いた報酬として、モノやサービスに交換可能な「データ」を毎月会社からもらっています。

このデータは、情報と言い換えることも可能です。

情報は、非常に価値のあるものであり、事実、多くの人たちが知識や技術といった情報を提供し、それによって収入を得ています。

例えば、美容師であれば、髪を切る技術や美容に関する知識という情報を顧客に売り、報酬（モノやサービスに交換可能な「データ」）を稼いでいます。その他、多くの職業に従事している人が、このようなルールの中で、「データ」を稼いでいるのです。

つまり、個人の持っている知識や技術（情報）が、社会のニーズに合致していれば、それをデータと交換できるというのが現代の経済の仕組みであると考えられます。となると、**情報・データは、私たちの存在を形作る本質的なものであるとの理解も成立するのではないでしょうか。**

いずれにせよ、こうした視点があるということをここでは押さえておいてください。

最先端の量子物理学が導き出した結論

私たちの肉体は、胃・腸・肺・心臓などの様々な器官からできています。これらの器官は、全身約100兆個の細胞が作り出しています。さらにミクロの世界に入っていくと、細胞はDNAから組織され、DNAは分子から、分子は原子（元素）からといった具合に、入れ子のような状態になっています。ここまでが目で確認可能な世界で、それより小さい原子の実体を捉えるとなると、高性能な顕微鏡が必要です。

さて、ここからが本題です。

原子というのは、いったい何でできているのでしょうか？

答えは、素粒子というエネルギーです。

もはや目では見えない素粒子は、原子よりも小さいという表現がよくされます。では、顕微鏡の性能が良くなれば、見えるようになるのでしょうか？

答えは、ノーです。素粒子は絶対に見ることはできません。

その理由は、カタチのないエネルギーだからです。これを証明したのが、量子物理学です。付け加えると、素粒子は、陽子、中性子、電子という3つのエネルギーで構成されています。

私が今、文字を打ち込んでいるパソコンも、分解し、部品をとことん砕いていくと、最後には素粒子に行き着きます。私の肉体も、行き着くところは素粒子です。この本を手に取ってくださっている読者も大元は素粒子ですし、本自体も素粒子から成り立っています。

別の例を挙げてみましょう。

大阪にいる人物と、東京にいる私の間には、約500キロの距離があります。この距離は、空間とも言われます。この空間を構成しているのは、酸素や窒素、二酸化炭素といった分子です。

ということは、これをまた小さくしていくと素粒子に行き当たります。大阪にいる人物と私——その間にある空間は、素粒子のレベルでは境目がなく、繋《つな》がっている。

これが最先端の量子物理学が導き出した結論です。

現実社会を取り巻く物質の正体とは

私たちを取り巻く物質や存在、現象はすべて素粒子によって構成され、作り出されていることは、理解していただけたと思います。

ではここで、角度を変えた表現をしてみましょう。

あなたは、画面から3センチくらいの距離でテレビを見たことはありますか？

これくらい近づくとわかるのですが、テレビの画面にはごく小さなマス目がいっぱい敷き詰められています。このマス目によってテレビの画面は映し出されているのです。

テレビは、信号に従って小さなマス目を発色させ、私たちはその光の束を視覚で捉え、映像として認識します。マス目から発色されるのは、赤、緑、青の3色だけなのですが、これら3色を様々な割合でブレンドすることで、無数の色を作り出しているのです。

つまり、テレビの画面は3色で塗りつぶされたマス目の集合であり、私たちはそれを少し離れたところから見ることで、映像として捉えているに過ぎません。テレビに映っている美男美女のタレントたちは、3色で彩られたマス目の集合だと思うと、少しがっかりしますが、実際はそうなのです。

3色のマス目で構成された映像と、私たちを取り巻くすべての物質の間には、似たような構図が存在します。

テレビ画面上のマス目を空間、3色を陽子、中性子、電子になぞらえてみましょう。私たちは、マス目（空間）を構成する3色（陽子、中性子、電子）を見ることはないのですが、それらが作る画像や距離を認識することはできるのです。

物質の最小単位は見えなくとも、それが集団となるとカタチを作り、認識可能になる……。これが私たちを取り巻く現実社会の物質の正体と言っていいでしょう。

脳への情報変換は人によって異なる

先ほど触れた内容を改めて整理してみましょう。まず、私たちを取り巻くあらゆる物質や現象は、情報・データでできています。逆の言い方で表現すると、情報・データがないと、物質や現象は存在し得ません。

例えば、家を建てるとします。家を建てるのに必要なのは何でしょうか？

建築業者、材料、土地、大工さん、工具、資金など、様々な要件が挙げられますが、中でも不可欠なのが設計図です。設計図がなければそれ以外の材料がすべて揃《そろ》ったとしても家を建てることはできません。当然ながら、設計図は情報・データです。

私たちの肉体は、ＤＮＡの情報が基盤となって作られています。植物も同じです。

この世界を私は**リアルフィールド**と位置付けました。

一方、あらゆる事象、物質、現象は、情報・データがカタチになったものであり、物質のレベルとしては原子レベルよりも小さな素粒子の領域に含まれます。このミクロな世界を**データフィールド**と呼んでいます。

データフィールドがリアルフィールドとして生成され、リアルフィールドはデータフィールドに還元される――。つまり、目に見えないエネルギーがカタチとなり、カタチは目に見えないエネルギーへと変換されるのです。

これを般若心経《はんにゃしんぎょう》では、「**色即是空**《しきそくぜくう》**・空即是色**《くうそくぜしき》」と説いたのです。この場合、色とはカタチであり、空とはエネルギーを指します。

この世の中は、データフィールドとリアルフィールドで構成されているのです。そこに生きる私たちは、リアルフィールドにせよ、データフィールドにせよ、あらゆる情報を五感で入力し、神経を通して脳へ伝達した後、脳で言語や意識に変換しています。これを私は、**セルフデータによる「セルフワールド」**と名付けました。

例えば、ピーマンが嫌いな人もいれば、好きな人もいます。それはピーマンという情報の問題ではなく、当人の脳への情報変換の問題です。「好き」と変換したのか、「嫌い」と変換したのか、ただそれだけの違いです。

まさかアニメのように、ピーマンが好きな人の目の前で、ピーマンがニコっと笑ったり、ピーマンが嫌いな人の目の前では、ピーマンがしかめっ面をすることなど、起こるはずがありません。ピーマンというリアルフィールドは誰しにも同一ですが、それをどのようにセルフデータに変換し、セルフワールドを構築しているかは個々人によって異なるのです。

世界を一変させるたった一つの方法

私たちの脳は、0歳から13歳までは、五感を通して外部情報を入力し、セルフデータにしていくことに非常に積極的です。

しかし、13歳を過ぎると、とたんに脳は外部情報の入力を制限し始めます。これを脳の学習限界年齢と言います。およそ13歳までに外部情報を入力し、セルフデータを作り、そのデータに基づいてセルフワールドを構築するのです。大体の思考や感情、感覚、行動の傾向性はここで決定され、この段階において、その人の見方や捉え方の大枠ができあがっていきます。

昔から「三つ子の魂百まで」などと言いますが、これは脳科学的にも正しいと言えます。その後、13歳以降になると、それまでに構築した自分のセルフデータやセルフワールドを通して、現象や出来事や物質を捉えていくのです。

私たちは、データフィールドに生きているわけでもなく、そうかと言ってリアルフィールドに生きているわけでもありません。セルフデータとセルフワールドの両方からの影響を受けて生きているのです。

ところで私は、講演でよく次のようなたとえ話をします。

「用意した資料を、プロジェクターからスクリーンに投影していますが、スクリーンに映し出された文字情報を、スクリーンをいじって修正することはできません。では、プロジェクターをいじればできるのでしょうか？　これも違いますね。プロジェクターに接続しているパソコンで、情報・データを変えればスクリーン上に映し出された内容は変わります。そこで、スクリーン上が私たちの生きている現実世界のようなものだと考えてください。さらに、プロジェクターは脳です。そしてパソコンからプロジェクターに送っている情報・データがセルフデータ・セルフワールドなのです」

このセルフデータ・セルフワールドを書き換えることができたら、あなたの世界は一変します。

逆に**セルフデータ・セルフワールドを変革しない限り、あなたの世界は一向に変わることはない**のです。

街中に妊婦が溢れ出した!?

妻が妊娠したということを告げてくれたとき、この上なく嬉《うれ》しかったことを私は今でも鮮明に覚えています。そしてそれ以降、不思議なことに私の周りには妊婦が大発生したのです。

どこもかしこも妊婦だらけ。あらゆるところで妊婦を見かけるようになったのです。その数は実に膨大で、「少子化問題は本当か？」と疑ってしまうほどでした……。

ところが、妻が出産したとたんに、街中から妊婦が急にいなくなり、次に溢《あふ》れ出したのは、抱っこ紐《ひも》やベビーカーでした。子ども向けの商品やお店が、これほどあるのかと思うくらい、街中に出現し始めたのです。

こうした現象を体験した人は、私以外にもいるのではないでしょうか。

もう、おわかりのとおり、突然妊婦が増えたわけでもなければ、ベビーカーが増えたわけでもありません。

それまで私のセルフデータ・セルフワールドにはなかった妊婦や子ども用品という情報・データが、妻の妊娠という事実によって書き換わり、変質したのです。そのとたんにそれまでは目に止まらなかった妊婦や子ども用品が脳に情報として入力されるようになったのです。これらはまさに、セルフデータ・セルフワールドがアップデートされたためと言えます。

悩みに実体がない理由

実は、人々の悩みもカラクリはまったく同じなのです。人間関係で悩んでいる人は、相手に何かしらの悩みの原因を置いています。例えば、ピーマンの苦みが嫌いな人が、ピーマンに「もう少し甘くなれ！」と望んでいるようなものなのです。しかし、いくら望んでも、ピーマン自体が変化することはありません。

こう考えると、悩みというのは、自らのセルフデータ・セルフワールドによって、自分自身が作っているとも理解できます。別の言い方をすると、**悩み自体はそもそも実体としてあるわけではなく、自らが悩みとして捉えているだけ**なのです！

部屋の天井に照明器具があったら、そこから発せられる光を十数秒見つめてください。その後、目を閉じると光の残像が見えるはずです。これは、光という外部情報をセルフデータに入力し続けた副作用として光の残像が残るわけであって、目の前にチカチカした光が実体としてあると思う人はいません。

人の悩みはこれと同じ。チカチカした光（悩み）が目の前にあるのではなく、脳がその光（悩み）を見せているだけなのです。

幽体離脱が起こる脳の仕組み

現代の脳科学では、体外離脱体験も生理学的に解説できます。[※1]脳のＴＰＪ（頭頂側頭接合部）や大脳右半球の角回と呼ばれる部位に異常があると、体外離脱体験をするというのです。これらの部位は位置を把握している部位で、ここに異常をきたすと、脳が位置情報を把握できなくなるそうです。

体外離脱を体験した人のほとんどが、仰向けになった自分を上から見たと証言します。うつ伏せの状態で体外離脱体験をするケースは非常に少ないのです。ということは、１つの仮説として、後頭部を強打したときなどに、ＴＰＪや角回に異常が起こり、体外離脱体験となったと言えるのではないでしょうか。ＴＰＪや角回は後頭部にあるので、確かにつじつまは合います。

実際に魂が肉体を抜け出したのではなく、脳の位置情報を把握している部位に異常が起こり、結果、体外離脱体験に繋がったのです。体外離脱・幽体離脱も脳が見せている映像であると言っていいでしょう。

改めて強調しますが、私たちは、セルフデータ・セルフワールドに生きているのです。この事実から考察すると、**信念の強い人は確実に成功を手中にし、大成します。**

自分を信じることで目標は達成できるという解釈は正しいのです。

しかしどうしても、こうした成功哲学や自己啓発の表現を素直に受け取れない人が出てきてしまいます。結果、信じる人と信じられない人の間に格差が生じてきます。

脳科学に基づいて論理的に理解をし、納得した上で実践ベースに落とし込めば、必ず成功できるのです。

人は、いつでも誰でも、思った瞬間から世界を変えることができます。

そう、あなたのセルフデータを書き換え、セルフワールドを変革することで。

第1章　まとめ

- これまで２万人以上をカウンセリングをしてわかった事実は、「人の悩みはすべて嘘（幻想）である」ということ。
- この世界を形作る本質とは「情報」なのかもしれない。個人の持っている知識や技術（情報）が社会のニーズに合致していれば、現代の経済システムの中で生き残ることができる。こうした視点が大切。
- 物質や存在、現象はすべて素粒子によって構成され、作り出されている。素粒子は肉眼では見ることはできないが、これが集まるとカタチを作り、認識可能になる。これが現実社会の物質の正体と言える。
- 「情報・データ」なしに物質や現象は存在しない。人の肉体も「DNA」という情報が基盤になって作られている。これを「リアルフィールド」と言う。一方、物質や現象を形作るのが素粒子。このミクロな世界を「データフィールド」と呼ぶ。目に見えないエネルギー（データフィールド）がカタチになり、逆にカタチ（リアルフィールド）は目に見えないエネルギーに変換される。
- 人はあらゆる情報を五感で入力し、神経を通して脳へ伝達した後、脳で言語や意識に変換する。これをセルフデータによる「セルフワールド」と呼ぶ。
- 私たちは、13歳までに入力した外部情報に基づいてセルフワールドを構築している。人の思想や感情、感覚、行動の傾向性はここでいったん固定化される。その後、このセルフワールドを書き換えれば、自分の世界はこれまでとは確実に違ったものになる。
- 悩みは、自らのセルフデータやセルフワールドによって、自分自身で作り出している。つまり、悩み自体はそもそも実体として存在しているのではなく、自分がそれを悩みとして捉えているだけに過ぎない。
- セルフデータを書き換え、セルフワールドを変革することで、自分の信念を揺るぎないものにできる。信念の強い人は確実に成功を手にし、大成する。自分を信じられる人と信じられない人の間には大きな格差がある。

第2章

必ず目標達成させる脳

なぜあなたは目標を達成できないのか?

「運がない」
「実力がない」
「知識も技術もない」

こんな考えにとらわれて生きている人がたくさんいます。彼らは、頭ごなしに自分の可能性を過小に設定し、その範囲の中だけで生きているのです。そのため、次から次へと訪れるチャンスをことごとく逃しています。

悩ましいのは、彼らがこの状況に不満を持っていること。

「本当はこうしたい! ああしたい!」という望みを心の奥底にしまい込みながら、そこに目が向かないように、趣味や恋愛、その他、意識を逸らせることができるものを探し出し、無為に時間を費やしているのです。

仮にそれらが楽しめるものや、情熱を注げそうなものだとしても、「本当はこうしたい！　ああしたい！」という望みに合致するものではないので、真の満足感や達成感、幸福感や充実感を得られるものではありません。

さらに、いたずらに時間が経《た》てば経つほど、「自分は本当は何がしたいんだろう？」とわからなくなっていくのです。

この傾向があらぬ方向に流れ出すと、「私が求めているものはいったい何なのだろうか……そもそも私はなぜ生まれてきたのだろうか……本当の自分が知りたい……」という隘路《あいろ》にはまり、人によっては得体の知れないものに興味を持ち始めたりします。最終的に、悪質なカルトや信憑性《しんぴょうせい》のないスピリチュアルにのめり込んでしまうケースも珍しくありません。本当に達成したい目標から目を背けることで、歯車が完全に狂ってしまうのです。

こう考えると、自分の心に素直に向き合い、それに正直に応《こた》えていくのが、どれだけ素晴らしいことなのか理解できるのではないでしょうか。

この章では、脳のメカニズムを知りながら、なぜ目標を達成できなかったのかを検証し、そして、どうすれば目標が達成可能になるのかを探っていきます。

目標が達成できるかどうかの決め手は、精神力でもなければ、人間性でもなく、はたまた、特殊な技術でもなければ、運でもありません。**メカニズムさえしっかりと知れば、目標はたやすく達成できる**ことを理解してください。

誰でも前向きになれるリフレーミング

目標を設定し、その後、あきらめてしまう人の8割が、「動き出して間もなくやめてしまう」人です。

よく三日坊主なんて言いますが、目標達成のための行動がまさに3日続きません。この状況を悲観し、「私には継続力がない……精神力がない……」と投げやりになるのです。

また、目標を達成するための行為、行動が何らかの要因で実行できなくなると「私は運が悪い……」と結論付けたりもします。

しかし、先ほど述べたとおり、**目標を達成できないのは、継続力がないわけでも、**

精神力がないわけでも、運が悪いわけでもありません。

ずばり、**メカニズムを知らなかっただけ**なのです。

この考え方は広く多くのことに当てはまります。

例えば、私は料理をあまりしませんが、私のように料理をしない人の大半は「料理ができない」と言います。ですが、「料理ができない」のではなく、「料理を作る知識と技術を持ち合わせていない」というのが正確な表現なのです。

もう1つの例を紹介しましょう。

何らかの疾病を患い、病院に行って診断してもらった結果、「この病気は治りません」と医師から言われたとしましょう。実際にそう表現する医師はたくさんいます。この場合も、「私（医師）の持ち合わせている知識と技術ではあなたの疾病を治すことができない」が正しい表現になります。

要は、**あらゆる「不可能」は「それを実行するための情報を知らないだけ」**なのです。

よく、「考え方を変えましょう」と書かれていたり、語られたりしますが、これは**「リフレーミング」**という心理テクニックで、「物事の枠組みを変えましょう」と言い換えることもできます。

いくつか例を挙げてみます。

私は性格が暗い。→私はムーディーでシリアスだ。

私は人付き合いが苦手だ。→私は人を選《え》りすぐって付き合っている。

私は何をするにも臆病だ。→私は、慎重に物事を決める堅実な性格だ。

これらはすべて、言わんとする本質は一緒ですが、表現の枠組みを変えるだけで、印象が変わっています。これがリフレーミングです。

「考え方を変える」なんて言うと、大事《おおごと》のように思えますが、考え方を変える第一歩は、表現を変えるだけなのです。

冒頭の例で改めて試してみましょう。

私は料理を作れない。↓　私は料理を作るための知識と技術を持ち合わせていない。

この病気は治らない。↓　私の持っている知識と技術ではこの患者さんの病気は治せない。

いかがでしょうか？

これもリフレーミングです。

前者の表現と後者の表現ではまったく印象が違います。後者のほうが未来の可能性を感じますし、その次の選択や行動が変わってくるでしょう。**前向きな人、成功している人は、このような表現の仕方を経験から身に付けている人たち**です。

ここで考えてみてください。あなたが感じているネガティブなことは、あなた自身がどうこうではなく、ただ単に「メカニズムを知らなかっただけ」と言えるのではないでしょうか。

もしもそうなら答えは簡単。メカニズムを知ればいいだけの話なのです。

脳に隠された驚くべき性能

私たちの脳の構造はとても複雑です。脳の謎は、世界各国の優秀な学者がこぞって研究をしています。そのおかげで脳の謎は日々解明され続け、日進月歩で脳科学は進化しているのが現状です。

その流れの中でわかってきたことに、脳の構造は複雑である一方、その能力を開発していくのは非常にシンプルであるという事実があります。

カルフォルニア大学アーバイン校の研究では、モーツァルトのピアノ曲「2台のピアノのためのソナタ　ニ長調　K448」を10分聴くと、IQ（知能指数）が8～9ポイント向上すると発表されています。

モーツァルトの曲をたった10分聴いただけでIQが上がるのですから、こんなにシンプルなことはありません。脳の能力開発は、このように実に簡単に行うことができるのです。[※2]

私たちの脳は、驚くべき性能を持ち合わせています。人間には、物事をほぼ100％

完璧に記憶する力があると言われています。

よく知られているのは、映画『レインマン』の登場人物のモデルになったサヴァン症候群のキム・ピーク氏のケースで、彼はなんと9000冊以上の本を一語一句すべて記憶できるそうです。さらに、電話帳に記載された電話番号の数字の羅列を何万件も正確に記憶できるというから驚きです。

これを脳障害とする学者の捉え方もありますが、一方で人間の脳にはそれだけの情報を記憶できる可能性があるとも言えます。

ジョン・フォン・ノイマンという数学者は、人間の脳のメモリーは、2垓《がい》8000京《けい》ビットもあると主張しています。これはすさまじいデータ量です。

また、世界最高峰と言われるスーパーコンピュータCM－5の情報処理スピードは、100ギガフロップ（1ギガフロップ＝1秒間に10億回の演算能力）であるのに対し、人間の脳の情報処理スピードは、100テラフロップ（1テラフロップ＝1秒間に1兆回の演算能力）から10万テラフロップだと言います。

現代の最先端のコンピューター工学の枠と比較しても、人間の脳の性能のほうが圧倒的に高いのです。もちろん、あなたがどれだけその脳を使いこなせているかは、別の話となりますが……。

意識脳と無意識脳

人間の脳の優秀さについて話をしましたが、この場合の脳の働きは、意識脳ではなく、無意識脳の作用のことを言っています。

脳には、意識を司《つかさど》る脳と無意識を司る脳とがあり、私たちはそれらをそれぞれ、**意識脳**、**無意識脳**と呼んでいます。

無意識脳を使いこなせるようになれば、我々はあらゆる超人的な能力を手中に収められるということです。

例えば、テニスの錦織圭選手がサーブしたボールの速さは、時速200キロに達します。テニスコートの長さは23・77メートル。時速200キロは秒速に直すと55・6メートルです。これを割ると、なんと錦織選手のサーブは、0・43秒で相手コートに到達することになります。

もしこれを意識脳で対応しようとすると、目で捉えたイメージが脳に伝わるまでに、0・1秒。それが何であるかと認識するまでに0・4秒かかると言われているので、合計して0・5秒かかってしまいます。

そこから、打ち返そうと意識し、その指令を脳が身体に伝達するのにさらに時間がかかります。当然、打ち返すことなどできません。相手コートへの到達時間が0・43秒なので、これは当たり前です。

では、プロテニスプレーヤーたちは、なぜ錦織選手のサーブを見事に打ち返すことができるのでしょうか。

この不可能を可能にするのが、無意識脳の力なのです。

無意識脳の基本機能デフォルトモードネットワーク

無意識脳とはいったい何なのでしょうか。そしてそれは普段どんなことを行っているのでしょう。そのメカニズムを理解することは、私たちが脳を自分の意のままにコントロールする上でも非常に大事です。

脳の無意識を担っている部位についての決定的な事実が、ここ近年の脳科学で解明されてきました。内側前頭葉、外側前頭葉、外側側頭葉、楔前部《けつぜんぶ》、後部帯状回らの脳部位はネットワークを組んでおり、それらが無意識脳の活動の大部分を担っているということが判明したのです。

これらの脳の無意識が司るネットワークを脳科学では「**デフォルトモードネットワーク**」と呼びます。[※3]

デフォルトモードネットワークの特徴は、

①脳の消費エネルギーの75%を占める
②意識活動をせず、ボーっとしているときも盛んに活動している

という点です。

脳の重量は、身体全体の2%しかありません。体重が60キロなら、脳の重さは1・

2キロほどです。ところが脳は、身体全体の消費エネルギーのなんと20％ものエネルギーを消費しているのです。1日の消費エネルギーが1500キロカロリーだとすると、300キロカロリーも消費している計算になります。全消費カロリーの5分の1もの量を、体重比で2％の重量しかない脳が消費しているのです。

ちなみに、脳が消費するエネルギーは大きく3つに分かれており、それぞれの消費エネルギーは次のとおりです。

①意識活動（考えたり、想像したり、判断したりなどの自覚できるもの全般）　15％

②脳の修復や維持　10％

③デフォルトモードネットワーク　75％

③のデフォルトモードネットワークの活動が75％ものエネルギーを消費しているわけですから、これが脳の中心機能と言っても過言ではありません。

では、デフォルトモードネットワークはいったい何をしているのでしょうか？　それは次の事柄だと言われています。

①見当識（どこにいて、何をしているのか）
②自己認識（自分はいったい何者なのか）
③それらにまつわる記憶

つまり、見当識と自己認識を軸として、それらにまつわる必要な情報を記憶しているのです。蛇足的に付け加えますが、見当識と自己認識が曖昧だと、記憶力は良くならないことがわかっています。

「私は何者で、どこにいて、何をしているのか……」

無意識脳は、これらを常に問いかけながら、情報収集と反応準備をしているのです。

例えばセミナーで、「男性の方、手を挙げてください。次に女性の方、手を挙げてください」と促すと、参加者は皆、手を挙げてくれます。

しかしこのときに「講師が性別を聞いたぞ。私はどっちだ？　そう、私は女性だ。

講師は今、『男性の方、手を挙げてください』と尋ねているのだから、私は該当しない。だから、私は手を挙げない」などと、意識的に判断する人はほとんどいません。もしそのようなプロセスをいちいち頭の中で巡らせるのであれば、よっぽど私に警戒心を持っている人です。

実際は、1秒もかからない速度で大半の人が挙手します。これは、デフォルトモードネットワークに、「私は男性である」「私は女性である」という情報がインプットされているからです。

トイレも一緒です。「青は男性。赤は女性。私は女性だから青ではない、赤に行かなければ」などと考えることもなく、女性なら女性用に足を向けます。これもデフォルトモードネットワークの作用と言えます。

つまり、「自分は女性で、トイレに行って用を済ませようとしている」という目的と意思を基に、無意識脳が正確に働いているのです。

「私はいったい何者で、どこにいて、何をする」

この中身を自分の望ましいものに決定することが、無意識脳を自在に操るための必須事項と言えます。

先ほどの錦織圭選手のサーブの話に戻りますが、あれだけの速いサーブに反応して打ち返せるのは、「自分はプロテニスプレーヤーで、全米大会で、相手に勝とうとしている」という目的と意思が明確だからこそ、無意識脳が反応して、飛んできたボールを無意識に打ち返せるのです。

意思の力——。

これこそが、無意識脳を突き動かすエネルギーと言っていいでしょう。

意思と願望の違いを理解する

ここで、「意思」というものを説明します。

まず、意思と願望はまったく異なります。私がクライアントと接していてわかるのは、願望は持っていても、意思を持っている人が少ないということです。しかもそのことについて、「自分は意思が弱いから、行動に移れない」と、自己解釈している人が多いのです。

意思とは、「〜なる、〜する、〜得る」という言い切りの形式で表現されます。一方、願望は、「〜なりたい、〜したい、〜得たい」という形式で表されます。

よく、「自分の脳を騙《だま》せ！」という言葉で行動を喚起させることをすすめる人がいますが、これを脳科学的に解析すると、「前提認識を変える」ということと同じです。

例えば、「初対面の人とすぐに仲良くなりたい」という願望を持つのは、「初対面の人とすぐに仲良くなれない、人見知りをしてしまう」という前提認識が自分の中にあり、それを変えたいと思っているわけです。

「思考は現実化する」というフレーズがあります。これは、成功哲学の第一人者であるナポレオン・ヒルの有名な書籍のタイトルですが、この表現はあまりにも大雑把《おおざっぱ》すぎると私は感じます。

事実、「思考は現実化」しますが、もっと詳細かつ具体的に表現すると、「前提となっている思考が現実化する」ということなのです。

「もっと自分をストレートに表現できるようになりたい」という願望を持っている人は、基本的に「ストレートに自分を表現できない」人と考えていいでしょう。

「経済的に豊かになりたい」と願っている人は、「経済的に困窮している」人のはずです。

では、ここで先ほどのデフォルトモードネットワークを思い出してください。

デフォルトモードネットワークは、「自分は何者であるか」という問いかけに対して働くのですから、

「私は、初対面の人とすぐに仲良くなれない、人見知りをしてしまう」

「私は、ストレートに自分を表現できない」

「私は、経済的に困窮している」

と思っていると、それを肯定化しながら動いてしまうのです。

これを避けるために、**自分が本当になりたいイメージを強く意識し、「自分はそのような人物である」という前提を作ってしまう**のです。

願望の形式で意識すればするほど、無意識脳はその前提をインプットし、前提を肯定化していこうとするでしょう。

望む方向に自分を変えるには、「意思」の形式で意識する必要があるのです。

意思の力が無意識脳を突き動かす

意思は行動命令です。

日常では、私たちは何気なく、意思による活動をしています。

「午後5時になったら買い物に行こうっと」

「あ、Aさんにメールしなきゃ」

これらはどれも**意思の形式**です。

このような日常の行動をする際に、「〜したい」という願望の形式で意識する人は誰もいないと思います。

もう一度整理すると、意思の形式とは、

「初対面の人とすぐに仲良くなる」

「もっとストレートに表現できるようになる」
「経済的に豊かになる」
というカタチを指します。しかし、こう思うだけでは、自分を変えるには不十分です。

無意識脳は、自分に該当するものに強く作用するからです。

例えば、何かを落としたとき、それを拾おうと身体はとっさに動きます。ところが、目の前の他人が何かを落としたとしても、自分が物を落としたときのように、自分の身体はとっさに反応しないはずです。この例が示すように、無意識脳は「自分のこと」に強く反応するのです。

したがって、無意識脳が働きやすいように、次のように意思の形式を修正する必要があります。

「初対面の人とすぐに仲良くなれる自分になる」
「もっと自分をストレートに表現できる自分になる」

「経済的に豊かな自分になる」

このように、「自分になる」という言葉を入れ込むだけで、意識は大きく変わり、結果に繋《つな》がります。私のクライアントを見ていても、その効果には目を見張るものがあるので、ぜひとも試してみてください。

意思の形式による作用と、脳のメカニズムを合わせて考えると、これまで世の中で様々に語られてきた成功哲学や偉人たちの言葉も腑《ふ》に落ちてきます。

「自分次第だ！」
「人を頼るな！」
「人のせいにするな！」
「最後までやり切るのだ！」

これらはすべて、デフォルトモードネットワークの作用の結果として得られた自己言えるのです。

認識であり、「自分はいったい何者なのか」という問いかけからスタートしていると言えるのです。

「〜な自分になる！」を意識することは、様々な形で自分に影響を与えることができます。

ケガをして出血した際、時間が経つと血が固まってかさぶたになり、キズは徐々に治っていきます。

これは自然治癒力と呼ばれる作用です。

この自然治癒力は、無意識に働いています。よく、精神力で病気を治したという話を聞きますが、実際に脳科学で説明が可能な範囲の出来事なのです。

癌《がん》と闘病され、克服した複数の人に「癌と闘うために実践したことは何ですか？」と質問したことがありますが、圧倒的に多い回答は「考え方を変える」でした。

この回答結果を見る限り、無意識脳が担っている自然治癒力をメカニズムに沿って有益に働かせたと考えざるを得ません。

やはり、無意識脳が担っている自然治癒力は、「生きる」という意思によって機能していると言っていいのではないでしょうか。

あらゆる現象と精神性は無関係

目標を達成できないのはメカニズムへの無理解であると、本章の冒頭でお話ししました。その後、読み進んでいただくうちに、徐々にその意味がわかってきたと思います。その勢いで、さらに理解を深めていただきます。

私はよく、次のようにクライアントに伝えます。

「現実に結果を出すことと、精神性はほぼ無関係です」

あえてそう伝えなくてはいけないほど、実に多くのクライアントが結果と精神性を結び付けて考えているのです。

これら２つが無関係であることを、次の行為を例にして確認しましょう。

・ライターに火を着ける
・スマホを操作する
・洗濯機を動かす
・ヤカンに水を入れて、お湯を沸かす
・物を高いところから低いところに落とす

これらの行為に精神性は関係あるのでしょうか？

答えはノー。無関係です。

ライターはボタンを押せば火が着きます。性格が暗く、後ろ向きな人、もしくはネガティブな人がボタンを押すと着きにくい、または着かないということはありません。

逆もしかりで、性格が明るく、前向きで、ポジティブな人がボタンを押すと着きやすいなんてこともないのです。


スマホはどうでしょうか？

意識の低い人がスマホを操作すると動かないけど、意識の高い人がスマートフォンを操作すると動く――なんてこともあるわけがない！

当然ですが、運のいい人が洗濯機のボタンを押すと動くけど、運の悪い人が洗濯機のボタンを押しても動かない――なんてこともありません。

ヤカンに水を入れて、火にかければ、トラウマがあろうがなかろうが、先祖の供養をしていようがしていまいが、ちゃんと水は沸騰してお湯になります。

経済的に豊かな人には重力がしっかりと働いて、経済的に豊かでない人にはあまり働かないなんてことも、絶対にあり得ません。

私たちの現実は、このような小さなミクロな出来事、行為の連続により、マクロな結果として形となるのです。

それは、1円玉が1億枚集まることで、1億円になるのと似ています。

『太平洋ひとりぼっち』という名著があります。これをつづった海洋冒険家の堀江謙一氏のヨットによる太平洋横断も、オールひと漕ぎの繰り返しによって成されたのです。

こうした事実に気が付かず、ほとんどのクライアントが、マクロな結果だけを見ようとし、ミクロがマクロを作るという真理を認識しようとしません。

ミクロな事象を基準に考えていけば、精神性と人生における結果は、ほぼ無関係であるのは誰しもが容易に理解できると思います。

このように、**精神性によって結果が起こるのではなく、あくまで、物理的法則によって結果は起きるということを心に留めておいてください。**

エネルギーの最小単位は意志であるという仮説

ここで、意思のメカニズムについて説明していきます。

前章で、物質はすべて素粒子からできているという話をしましたが、さらにミクロな世界に足を踏み入れましょう。

まず基本的な問いですが、素粒子は何からできているのでしょう?

答えは、クォークというエネルギーです。

クォークは、アップクォーク、ダウンクォーク、ストレンジクォーク、チャームクォーク、トップクォーク、ボトムクォークの6種類からできています。

さらにクォークは、プランクスケールというエネルギーからできているのです。これは、**「超ひも理論」「超弦理論」**と呼ばれている領域に関係します。宇宙のあらゆるエネルギーはひものようにできているという有力な仮説です。[※4]

また、プランクスケールは、磁気単極子というエネルギーからできていて、これが超ひも理論を統合している**「M理論」**と呼ばれている領域です。

ここからは完全に仮説ですが、磁気単極子は、2極分割化意思エネルギーによって作られているという理論があります。さらに、2極分割化意思エネルギーは、意思エネルギーからできているという仮説理論があるのです。

この仮説は、**「人間原理宇宙論」**という理論が大元になっています。**人間は宇宙によってできているのだから、宇宙の原理と人間の原理は同一である**という考え方です。

例えば、オレンジを搾ってできたオレンジジュースは、構成成分はオレンジと一緒でなければおかしいという論法です。

翻って、あなたが定食屋に行ったということは、食事をしようという意思があったからであるという解釈が導けます。

要するに、宇宙が爆発によってできたとするなら、「宇宙を創る!」という意思の元に爆発し、結果として宇宙ができたと捉え、そこには必ず意思というエネルギーが働いているという考えなのです。


この仮説は、私にとって、あらゆることのつじつまを合わせてくれる考えでした。ここでは、この仮説を採用して話を進めていきます。

エネルギーの最小単位が「意思」であるとするならば、あらゆる現象、出来事、結果は「意思」によってできていると言っていいでしょう。

今、私の目の前にはアイスコーヒーとグラスがあります。これは「アイスコーヒー」および「グラス」であるという意思がはっきりしているから物質化しているのです。

もっと言えば、メーカーは、アイスコーヒーやグラスを作ろうという意思を持っていたのであり、たまたまできたのではなく、意思を持つことで形になったと言えます。

このことから考えると、意思は種であるとたとえられます。

ここに、リンゴの種があったとしましょう。

このリンゴの種を土に植えて、然《しか》るべき育て方をすれば絶対にリンゴの実はなります。

これに異論を唱える人はいないはずです。

リンゴの種を植えると、土から芽が出て、さらに幹ができて枝になり、葉が茂り、そして実がなります。この実を、得たい結果とするならば、結果はどこにあったのでしょうか。

結果は「種」の中にあったのです。

しかし、種を分解しても、幹らしきものも、枝らしきものも、葉っぱらしきものも、実らしきものも見当たりません。では、どのように種に内包されているのか。それが、前章で話したように、データとして内包されているのです。

これと同一なのが「意思」。

あらゆることが意思からスタートします。

意思には結果までのすべてのプロセスがデータとして内包されているので、**意思を**

持って然るべき行動を取れば、必ず結果が得られるのです。

あなたが何らかの意思を持っているとしましょう。そうであれば、量子物理学的に見て、「すでに結果は出ている！」と言えます。これを理解しているかどうかで、あなたが設定した目標の成否も決まってくるでしょう。

リンゴの種を植え、リンゴを収穫しようと考えたとき、「この種を植えたら本当にリンゴできるの？」という疑問は持ちません。ちゃんと育つことがわかっているから、種を植えるのです。

ところが目標を達成できない人の大半は「自分には目標達成はムリ」と、種（意思）そのものに疑問を持っているのです。よって種すら植えません。

ただし、「桃栗3年柿8年」と言うように、種が結果という実になるまでには時間を要します。同様に、自分の意思が「実」になるまでにも時間がかかります。

すぐに結果が欲しいという気持ちはわかりますが、「人生に魔法はない」のです。

インスタント食品のようにあっという間に結果が出ることはないと考えたほうが、堅実な人生を歩めると断言します。

と同時に、**意思のメカニズムを理解し、行動を起こすことができれば、自分が抱える焦りや不安の大半は消滅する**でしょう。

どれだけ借金があったとしても、半年後には1億円確実に手に入れられることが確定していれば、1億円が手に入るまでの半年間は希望に満ちて過ごすことができるのです。艱難辛苦《かんなんしんく》に直面しても、つらいとも苦しいとも感じないと思います。

私はこの、「あらゆる結果は意思に内包される」というメカニズムを「**オメガアルファインパクト**」と呼んでいます。**このメカニズムに沿ってはっきりと意思を持てば、必ず目標は達成できるのです。**

目標を必ず達成するための具体的な方法

「オメガアルファインパクト」を理解し、「目標を達成する自分になるんだ！」という意思を持ったとします。

その上で、これから話す2つのことを実践、理解すれば、目標の8割は達成できたも同然です。

①ベリーハード

少しファンタジックな話になりますが、自分が種になったつもりで考えてみましょう。

あなたは植える側ではなく、種そのものです。

土の中に植えられ、もちろん上から土をかぶせられます。このとき、まず大変なのが、種の殻を突き破ること。しかし、殻を突き破らないとその先はありません。

やっとの思いで種の殻を突き破ったと思ったら、周りは全部土でした。この土を自力でかき分けながら日光の降り注ぐ大地にたどり着くまでに、再び大変な努力をしなくてはいけません。

これらの苦難を種の立場になって考えてみてください。

このように、意思を持った際に最初に直面するのが、**「ベリーハード（非常な大変**

さ）」なのです。

目標を設定して、行動を開始してからすぐにあきらめてしまう人の多くが、「思ったより大変だからやめました」と口にします。こういう人たちは、継続力や精神力が足りないのではなく、必ず最初に「ベリーハード」が訪れるという事実を知らないため、心構えが足りずにくじけてしまうのです。

もしもベランダに何か物を置いているとしましょう。

天気予報で大型台風が来ると事前に知ることができたら、台風が到来する前にベランダの物を縛ったり、部屋の中に入れたりして事前に対策を取るはずです。その後、予報どおりに大型台風が来ても、被害は最小限に抑えられるでしょう。

それと同じことです。

大変さが訪れるのを事前に知っているのと知らないのとでは、かかるストレスは変わってきます。

大変さが訪れるという事実を事前に知っていれば、「想定どおり」のこととして対処できるでしょう。

「意思を持って新しい行動を開始したのだから、大変なことに直面するのは当たり前だ」と受け止められれば、乗り越える気持ちを容易に持てます。

そして、大変なことは、種の例で示したように、少なくとも二度は訪れると覚悟しておきましょう。

②ライフフィードバックシステム

大変さを乗り越えた、もしくは想定して行動を起こせたと少し安心したときにやってくるのが、**「ライフフィードバックシステム」**です。

ライフフィードバックシステムとは、あなたにとって身近なもので、生命維持という観点では絶対に必要な脳のメカニズムです。

脳は、生命維持を絶対の優先順位としています。すべては生命維持という観点で動いているのです。生命体である人間には恒常性維持機能が備わっており、私たちの身体は常にあるべき姿を一定に保とうとします。

その例が、体温や呼吸、血流、心拍です。風邪をひいたりすると、脳の指令によって、発汗が起こり、免疫細胞を総動員して体温を平熱に戻そうとします。

呼吸の場合、全力疾走したりすると、今まで使われていた酸素が筋肉やその他の組織に送られます。すると、酸素量が足りなくなるので、呼吸数を強制的に増やし、必要な酸素を空気中から取り込むのです。走るのをやめ、ある程度の時間が経つと、次第に呼吸は正常に戻ります。いつまでも「ゼーゼー」と活発な呼吸のままではありません。

このように、脳は恒常性維持機能を発動させ、生命維持に最適な状態に保とうとします。

これを大脳生理学では「ライフフィードバックシステム」と呼ぶのです。

この機能は脳幹が担い、望むと望まざるとに関係なく継続的に働き続けます。進化の順序でいうと、脳幹は大脳皮質よりも先に進化した脳です。さらに脳幹は本能を司っている脳なので、ライフフィードバックシステムは本能的な感覚や感情、思考、行動などの活動にも影響を与えていると言っていいでしょう。

自分に起きた変化を必死で止めようとする脳

現在の自分より、もっと良い自分に変わろうと考え、意思を持って行動し始めると、脳幹はそれを〝異常〟と判断し、元の状態に戻そうとします。

自分が「初対面の人と上手くコミュニケーションが交わせない人」だったとしましょう。その場合、脳幹からすると「初対面の人と上手くコミュニケーションが交わせない」自分が〝正常〟となります。

となると、「初対面の人と上手くコミュニケーションが交わせる」自分は、脳幹にとって38度の発熱をしたのと同じで、異常な状態と判断されます。これにより、脳幹は元の状態に戻そうとするのです。

発熱すると、脳幹は倦怠感《けんたいかん》を与え、身体を休ませようとします。同様に、意思を持って「コミュニケーションが交わせる」自分に変化しようとすると、ライフフィードバックシステムが働き、元の自分に引き戻そうと作用し始めます。

この動きは、次のような形で表に出てきます。

①自分の心の否定的反応

「こんなことやって意味があるのだろうか……」

「本当にこれはやりたいことなのだろうか……」

「前の自分でも十分ではないのだろうか……」

こうした否定的な心の声を引き出し、意思を持った行動をやめさせようとします。

②他人からの否定的意見

「そんなのやめた方がいいんじゃないの……」

「そんなことやって意味あるの？」

「あなたには向いてないんだよ」

周りの人から発せられた声に敏感に反応し、意思を持った行動を止めさせようとします。

③継続を妨げる否定的出来事

決めたことを続けづらくなるような出来事が起きると、それを使って意思を持った行動を止めさせる恰好《かっこう》の口実とします。

これらを次々と自らに投げかけ、元の自分に戻そうとするのです。しかし、目標を達成するなら、今のままの自分でいいはずがありません。もし、今のままで目標を達成できるなら、とっくに達成できているはずです。

何かを変えなければならないのは明白なのです。

変わろうと意思を持ったのは、他の誰でもない「あなた」。

せっかくそう思ったのに、自分の心の声や他人の意見を簡単に聞き入れて途中で折れてしまったら、目標は絶対に達成できません。

私はこれを、「**VISION BUSTER（ビジョンバスター＝未来の志を奪う人）**」と呼んでいます。

努力を継続すれば実現可能にもかかわらず、それをさせないようにするのがライフフィードバックシステムの特徴の1つなのです。ただし、これらの仕掛けにその都度左右されていたら、これまでの人類の成長は起こり得なかったでしょう。

計画を練り直し、当初の予定よりも計画の達成が延びることがあったとしても、目標そのものを完全にやめてしまうのは、ライフフィードバックシステムが仕掛けてくる罠《わな》を理解していないだけであって、この罠に引っかかってはいけないのです。

否定的な自分の心の声などのビジョンバスターに負けないでください。

自分を褒めてあげるだけで脳は活性化する

意思を持って行動を起こし、最初に訪れる「ベリーハード」を乗り越えると、すでに述べたようにライフフィードバックシステムが働き出します。

ベリーハードとライフフィードバックシステムという壁の前に立つと、8割の人が意思を持つことそのものをしないか、目標達成への行動を途中でやめてしまいます。

しかし、ベリーハードやライフフィードバックシステムの本質を理解できれば、対応の仕方を変えることができるはずです。

自分の心の反応として、「こんなこと、意味あるのかな……」という感情が湧《わ》いてきたら、すかさず「やったー！」と両手を広げて大喜びしてみてください。とにかく思いっきりです。

突拍子もないことのようですが、なぜこのとき、喜ぶのでしょうか。
それには2つの理由があります。

1つは、**意思を持って行動することによって、確実に変わっていけると声を出して確認するため**です。

ここで覚えておいてほしいのは、これまでの自分のままで達成可能な範囲であれば、ライフフィードバックシステムは働かないということです。つまり、システムが働いたのは、意思を持って行動していると脳中枢が判断したことを意味します。

こんなに嬉しいことはないはずです。自分の意思が向かう先は間違っていないわけですから！

2つ目は、**喜ぶことで、脳に「私の望んでいる本当の自分は、今までの自分ではなく新しい自分なんだよ」という自覚を促せるから**です。

脳は、本能機能と外部情報を結び付ける作用があります。これを条件反射と呼びます。条件反射の実験としては、「**パブロフの犬**」がよく知られています。

ベルを鳴らしてから飼い犬にエサを与えるサイクルを繰り返していたら、ベルを鳴らしただけでよだれを出すようになったという実験ですが、ここから得られたのは、よだれが出るという本能機能と、ベルという外部情報が結び付くということです。

この現象を、心理テクニックでは「**アンカーリング**」と言います。

脳はこのように習慣付けられると、その習慣に沿って脳機能を働かせるようになるのです。

タバコをやめられない人にも同じ作用が働いています。タバコを吸うと快楽性ホルモンであるドーパミンが分泌されるのです。

これが習慣になると、一定の時間間隔で脳がドーパミンを出すため、条件反射が働いてタバコを吸わせようとします。

タバコを吸ったことのある人はわかると思いますが、最初の一服はひどくまずかったはずです。

しかし、それを繰り返すうちに、なくてはならないものになっていきます。これは、快楽性の感情（楽しい、嬉しい、気持ちいい）が働くようになった証拠です。

話が少し逸れましたが、あたかも条件反射のように、ライフフィードバックシステムが働いたら、思いっきり喜んでみましょう。先ほど述べたとおり、子どものように「やったー！」と叫んでください。

そしてその日、お風呂に入ったら、自分の身体をさすりながら、幼少期の自分に語りかけるように「〇〇ちゃん、今日はライフフィードバックシステムが働いたけど、よく乗り越えられたねー！　〇〇ちゃん、凄《すご》いねー！　〇〇ちゃんは必ず目標を達成できるからねー！」と優しく語りかけます。

わかっています。バカバカしいと感じているでしょう。しかし、これによる効果は絶大です。騙されたと思って、一度試してみてください。

言葉がけなどによる外部からの働きかけが効果的なのは、過去の歴史からも読み取れます。

神聖ローマ皇帝のフレドリヒ2世にまつわる有名な話があります。

13世紀、フレドリヒ2世は驚くべき実験を行いました。「言葉を教わらないで育った子どもが、どんな言葉を話すのか」ということに興味を持ったことがすべての始まりでした。

6カ国語を話すことができたフレドリヒ2世は、人間は生まれたときから自分の言葉を持っていると考えていました。

これを証明するため、50人もの赤ちゃんを集めると、部屋に隔離し、家来たちに面倒を見させたのです。その際、家来たちには、次のような決まりを守らせました。

- 目を見てはいけない
- 笑いかけてもいけない
- 語りかけてもいけない
- 触れ合いを一切してはいけない

これらを徹底させたのです。

ただし、ミルクは与え、身体も清潔にするなど、生存できる環境はしっかりと整えました。その一方で、スキンシップや会話をはじめとした愛着行為を禁じたのです。

さて、この結果、何が起きたと思いますか？

子どもたちは、全員が1歳の誕生日を迎えることもなく死んでしまったのです。

この実験から言えるのは、赤ちゃんを育てる際に、褒めたり、話しかけたりすることは、赤ちゃんの脳にとって外部情報的刺激となり、その働きかけは想像を絶するほどの影響を与えるということです。

一方、子どものころは褒めてくれたり、無条件で認めてくれたりする大人たちが周りにいますが、大人になるとなかなかそうした刺激を受けなくなってしまします。

会社でコピーを頼まれて、コピーを上司に渡した際に、「○○ちゃん、コピーできたの？　すごいねー！」なんてことは言われません。仮に大げさに褒められたとしたら、それはそれで気色が悪いですし、今ならセクハラなどと言われかねません。

とはいえ、どんな形であれ、認められ、褒められるのは自分の成長の根底を支えてくれることであるのは間違いありません。周囲の大人が何も言ってくれないなら、自分で自分を認め、褒めてあげるのです。ライフフィードバックシステムが働いたときには、特に意識して行うべきです。そうすることで、脳は変化することに抵抗を示さなくなります。

何を始めるにも、最初は相変わらずベリーハードから逃れられませんが、意思を持った行動を継続すること自体は確実にスムーズになっていくと思います。

アセチルコリンを分泌させまくる

脳内ホルモンの1つに**アセチルコリン**という物質があります。

これは、やる気、好奇心を起こしてくれる脳内ホルモンです。

アセチルコリンはまた、副交感神経を刺激して身体をリラックスさせ、交感神経の働きを鎮めて、興奮状態や緊張状態を緩和します。これらに加えて、シータ波の発生を促し、覚醒と睡眠、思考、記憶、学習、集中などにもプラスの影響を与えると言われています。※5

このホルモンが分泌されれば、行動への意欲や好奇心が湧くため、目標は達成されやすくなると考えていいでしょう。

アセチルコリンは、行動し始めてから分泌を開始するホルモンです。したがって、

アセチルコリンを分泌させるには、とにかくアクションを起こすことが肝心です。

心理学者クレペリンは「人は興奮して作業を始めるのではなく、作業を始めることで興奮してくる」と主張し、この精神作用を「作業興奮」と名付けました。

部屋を掃除しようと思いながら、なかなか行動に移せなかったのが、実際に掃除を始めたら徹底的にやってしまった――。

ゲームを1時間だけしようとしたら、やめられなくなって3時間も4時間もやってしまった――。

本をちょっとだけ読もうと思ったら、最後まで読み切ってしまった――。

これらがまさに作業興奮です。

とにかく行動に起こせば、アセチルコリンが分泌され、作業興奮が起きるのです。

私はこれを「**瞬間アクション**」と呼んでいます。**どんな小さなことでもいいので、とにかく行動を起こすように心がける**のです。

「ゴミが落ちているのに気付いたから、拾う」

「スマホに指紋やホコリが付いていから、拭く」

気が付いたらすぐに行動してみます。

その際には、その行動によって得られる成果は真剣に考える必要はありません。行動そのものが成果だと考えましょう。

気付いたらすぐに行動に移るというパターンを脳にインストールし、やる気・好奇心ホルモンであるアセチルコリンをいつでも分泌できるようにしておくのです。これを繰り返していくと、目標達成にまた一歩近づきます。

脳内麻薬を使い合法的に達成中毒になる

本章の冒頭でリフレーミングについて触れましたが、ここではやる気を引き起こすためのリフレーミングを紹介しようと思います。

いくつかあるリフレーミングの中でも、ここで説明するのは「**BUTリフレーミング**」というマインドテクノロジーです。

心理学では、**ピークエンドの法則**というものがあります。脳科学でも同様の考え方があり、感情がピークになったところと、最後（エンド）のところを脳が感受し、それを印象に残すというメカニズムです。

トラウマなどはまさに、ピークエンドの法則が当てはまります。

「私はずっと父親から虐待を受けてきました」という悩みを抱いている人の話を聞いてみると、虐待を受けたのは数回だけのケースがあります。それでも、された側としては「ずっと虐待されてきた」と感じてしまうのです。

ここでお伝えしたいのは、回数ではなく印象が大きな影響を与えるという事実です。脳は、自分が感じ取った印象を過去データとして保存していくのです。

友人と楽しく会話していて、最後の最後で言い合いになったとすると、最後の印象が残っていきます。脳は「ピーク」と「エンド」を印象に残すのです。

ここで、BUTリフレーミングが効果を発揮します。

方法はいたって簡単。BUT（でも）を使った発想をしてみるだけです。実際にいくつかの例を紹介しましょう。

「あの人ってさ、顔かっこいいよね。でも、ファッションセンスなくてダサいよね」

この場合、この人物の印象（ピークとエンド）は、「ファッションセンスがなくて、ダサい人」となります。

「あいつは仕事ができるんだけど、プライベートがいい加減なんだよなぁ」

こちらは、「プライベートがいい加減」という印象が残ります。

では、これらの文を「でも」を軸にしてひっくり返したらどうなるでしょうか？

「あの人ってさ、ファッションセンスなくてダサいよね、でも顔かっこいいよね」

こうなると、「顔がかっこいい」という好印象が頭に残ります。

「あいつはプライベートがいい加減なんだよな、でも、仕事はできるよな」

「仕事ができる人」という印象が、「プライベートがいい加減」という印象を確実に上回っています。

自分の普段の発想は、果たしてどちらに近いでしょうか？　無意識のうちに前者のような発想をしていませんか？

「私、痩せたいけど、ダイエットが続かないんです」
「お金を稼ぎたいけど、私には難しそう」

こんな感じです。

では、これらをひっくり返すとどうなるでしょうか。

「私ダイエット続かないんです。けど、痩せたいんです」
「私には難しそう。けどお金稼ぎたいんです」

どうでしょう？　こうするとやる気が前面に出てきませんか？

前者は自分自身でやる気を削いでいます。後者はやる気が自然に引き起こされるフレーズになっているのです。

次に紹介する方法を試してみてください。

紙を1枚用意し、縦に半分に折ります。左半分には目標を達成できない理由を書き出します。「こうしたいけど……、できない」という文章を書くのです。「やる気が起きない」ではなく、「やる気を起こしたいけど、やる気が起きない」というパターンの文章を書いていきます。

思い付く限り書き出したら、ここでBUTリフレーミングの導入です。

それらの文章を逆にして、右半分に書き出していきます。次に、左右半分で切り、左側は捨ててしまいます。さらに、右側に書いてあることを大きな声で読み上げてみるのです。

これを3回、毎朝繰り返してください。夜でもかまいませんが、寝る1時間前は避けましょう。大声を出すと、ドーパミンやノルアドレナリンの分泌を促すので、興奮状態になって睡眠を妨げます。

毎日これを行うことで、ノルアドレナリンが分泌されて活動的になります。さらに、自分の行動を抑制していた脳のブロックが外れるので、よりいっそう脳の働きが活発になるでしょう。

少しでも目標に近づいている実感が持てると、今度はドーパミンも分泌され始めます。この好サイクルができあがると、脳は合法的な〝**脳内麻薬中毒**〟の状態に入ります。あとは脳の指令に身を任せ、行動を続けてください。ある時点で振り返ると、目標達成にぐんぐんと近付いている自分に気付くはずです。

第2章　まとめ

- 目標を達成できるかどうかの決め手は、精神力や人間性ではない。はたまた特殊な技術や運でもない。目標達成のメカニズムを知ること。
- 「リフレーミング」という心理テクニックを使って考え方の枠組みを変えてみよう。考え方を変える第一歩は、表現を変えること。
- 前向きな人、成功している人たちは、未来の可能性を感じさせる表現の仕方を経験から身に付けている。
- 人間の脳は、驚くべき性能を持ち合わせており、物事をほぼ100％完璧に記憶する力があると言われる。現代の最先端のコンピューター工学と比較しても、人間の脳の性能のほうが圧倒的に高い。
- 脳には、意識を司る脳と無意識を司る脳があり、それぞれを意識脳と無意識脳と呼んでいる。このうち、無意識脳を使いこなせるようになれば、私たちは超人的なあらゆる能力を手中に収めることができる。
- 脳の無意識部分を司るネットワークを脳科学では「デフォルトモードネットワーク」と呼んでいる。このネットワークは意識活動をしないが、脳の消費エネルギーの75％を占める。
- 意識活動をしない無意識脳を突き動かすのは、意思の力のみ。
- 自分が本当になりたいイメージを強く意識し、「自分はそのような人物である」という前提を作ろう。それが自分の願望であると意識すればするほど、無意識脳はその前提をインプットし、肯定化しようとする。
- 「〜な自分になる」というフレーズを作るだけで意識は変わり、結果に結びつきやすくなる。
- 結果を出すことと精神性は無関係。精神性によって結果がもたらされるのではなく、あくまでも物理的法則によって結果は起きるということを覚えておこう。
- 意思のメカニズムを理解し、それに沿って行動を起こせれば、焦りや不安の大半は消滅する。
- 「ベリーハード」に直面しても、新しいことを始めたのだから大変なのは当たり前と受け止めて乗り越える。
- やる気や好奇心を引き出してくれるアセチルコリンというホルモンの分泌を促すには、とにかくアクションを起こすことが欠かせない。どんな小さなことでもいいので、とにかく行動を起こしてみよう。

第3章

人間関係の悩みをなくす脳

人間関係のストレスから解放される方法

現代人のストレスのほぼ100％が、人間関係によるものだとも言われます。100％はさすがに大げさかもしれません。しかし、かなりの割合であることは多くの人が感じているのではないでしょうか。そのため、人間関係の悩みから解放されれば、人生でのストレスはかなり軽減されると考えていいでしょう。

私はカウンセリングという職業に従事している手前、人間関係については他のどの分野よりも自信があります。

カウンセラーが人間関係で悩んでいたら、カウンセリングはできません。

人間関係についてのテーマは、私が最も得意とするところなので、有意義な内容を提供できると思います。

人間関係については、意のままに相手をコントロールするテクニックであるとか、人間関係をスムーズに運ぶための話法を取り上げた様々な書物が出版されています。それらには読者の参考となる情報がたくさん詰まっているので、気に入ったものを購入してみるとプラスの効果を得られるはずです。

一方で、現場でたくさんのカウンセリングを行ってきた経験から明確に言えることもあります。

ストレスを抱え、すっきりしていない精神状態のままでは、どんなテクニックを実践しても机上の空論でしかなく、役に立たないということです。

そこで私のカウンセリングでは、ストレスを取り除き、精神状態を安定化させることから始めます。

良好な人間関係を築くために、まずは自身の精神状態を安定させることに重点を置いてください。これができていないと、自らの不安定な表情や態度を相手に感じ取られ、敬遠されてしまいます。結果として、どんなテクニックを使っても相手と安定した関係を築くことが難しくなるのです。

では、自身を人間関係のストレスから解放させ、その上で、人間関係をスムーズに構築するにはどうすればいいのでしょうか？

私が常々自分のクライアントに指導しているのが、脳のメカニズムとマインドテクノロジーを上手に活用する方法です。それを本章では紹介していきます。

この方法は非常にパワフルなので、しっかりと理解し、積極的に実践して自分自身だけでなく、周囲の人たちも幸せな方向に導いてあげてください。

情動感情をコントロールする

そもそも悩みとはいったい何でしょうか？

私は、**悩みとは「思ったとおりにいかないこと」**と定義しています。

就職が決まった人が、「私の願いは最悪の職場環境で働き、ストレス漬けの生活を送りたい」と思うはずがありません。そうではなく、「楽しく働きたい」「良い仲間に恵まれたい」「上司に認められたい」と考えていることでしょう。

婚約した人なら、「パートナーと憎しみ合う結婚生活を送り、最悪な人生を過ごしたい」と思うはずはありません。「パートナーと共に幸せで健康で、生涯愛し合って生きていきたい」と切望しているはずです。

しかし、実際にはそう簡単にはいきません。職場にせよ、結婚生活にせよ、思ったとおりにはいかないものなのです。そしてそれが、悩みになります。

悩みと言うと、すべてが悪のように捉えられがちですが、実際は悪だけではありません。

私たちの脳は、先天的に「より良くなろう」という動きをします。その人の知性の範囲でより良さを求め、実行してしまうのです。

ハンバーグを焦がしたのであれば、当然次は焦がさないようにしますし、歩いていてつまずいたら、次は気を付けます。これらは脳がより良さを求める上での自然な作用です。

稀《まれ》に、「私は悩みがないのが悩みなの」なんて言う人がいますが、このタイプの人は、次の2つのパターンに大別することができます。

1つは、悩みを見せると弱みにつけ込まれるのではないかと警戒している人です。こういった人は、「悩みは特にありません」と言います。

もう1つは、現実から目を背けている人です。このタイプは、前者よりも深刻な状況を抱えています。

現実を見つめれば、誰にも「もっとこうしよう」といった問題意識は必ず生まれるものです。それを真摯《しんし》に捉えれば捉えるほど、思いどおりにできない現実とのギャップを感じるので、悩みが生じます。ただし、これはむしろ歓迎すべきことと言えます。

したがって、**人間関係において悩みを抱えている人は、悩みの根っこにある「より良くなろうとしている自分」にフォーカスして、まずは認めてあげてください。**

もちろん、そのまま悩みを抱え続けることは良いことではありません。悩み続けていると、慢性的なストレス状態を生み、うつ病などに罹患《りかん》するリスクが高まります。

人間関係の悩みの根源は、自分の思ったとおりに関係が構築できないところにあるのです。

例えば、私のところに相談に来て、こんな話をする人がいます。

「同僚と過ごす時間がぜんぜん楽しくないんです」

「夫とうまくいってないんです」

これらの主張には、押さえておくべきポイントがあります。

まず、同僚と話をしていて、1秒たりとも楽しくないということはないはずです。また、夫とあらゆる面でうまくいっていないということも稀でしょう。にもかかわらず、人間関係で悩んでいると訴える人の大半は、自身が抱く印象をすべてに上塗りしてしまっているのです。

この状態は、「**過度な一般化**」と呼ばれます。

いくつかの現象を、あたかもそれがすべてであるかのように過剰に一般化していることから、そう呼ばれています。

過度な一般化の代表的なものを次に挙げてみましょう。

「誰も私のことをわかってくれない」
「私はいつも失敗する」
「私は何をやってもぜんぜんダメ」

「私はどんなことにも自信がない」

よく耳にするフレーズではないでしょうか？

「誰も私のことをわかってくれない」と訴える人の話をよく聞いてみると、理解を求めたのは実際には3～4人だけだったりします。

また、「私はいつも失敗する」という人の話を聞くと、実際に挑戦したのは2～3回だったりするのです。

「何をやってもぜんぜんダメ」「どんなことにも自信がない」と訴える人たちも、ほんの一部の側面だけを切り取って、それがすべてと決め付けていたりします。

これを脳科学的に説明してみましょう。

脳はシナプスと呼ばれる脳神経細胞の結合によってネットワークが形成されています。この脳神経の結合荷重は「重み」と言われ、脳神経の結合が重ければ重いほど、外部刺激に対して脳はその結合を優先させるのです。

重みによる結合を促しているのが、情動感情です。つまり、感情が働けば働くほど、脳はその要因となった物事を重要だと認識し、敏感に反応するようになります。その重要な物事を「**インポータントデータ**」と呼び、脳はこのインポータントデータを優先して受け取っていくのです。

この仕組みは、第1章で触れた「街中に妊婦が溢《あふ》れ出した」という私の話を思い出してもらえば、理解できると思います。

ところで、悩みが1つだけしかない場合は、過度な一般化は起こりません。過度な一般化が発生するのは、２つ以上の悩みが重なったときに限られます。

例えば、職場にコミュニケーションがうまく取れない同僚がいたとしましょう。この状態であれば悩みの対象は1つなので、「仕事がぜんぜん楽しくないんです」という悩みには発展していきません。

しかし、これに「自分が担当していた仕事でミスをした」「上司に叱られた」というネガティブな現象が加わり、それが継続的なストレスになると「仕事がぜんぜん楽しくないんです」という過度な一般化が表出するのです。

また、夫婦間の問題では、思ったとおりにいかない1つの状況から悩みが始まります。

朝、「おはよう」と笑顔で声をかけたのに、不機嫌そうに返事をしてきた——。この段階では、まだ「起きたばかりの夫は機嫌が悪い」という認識をするのみで、過度な一般化は起きません。

ところが、「夜、電気を消さずに寝てしまう」「寝るときにテレビをつけたままなので、その音量が気になって寝られない」などの問題が重なると、「夫とぜんぜんうまくいかない」という悩みに発展してしまうのです。

過度な一般化が起きると、問題の本質を見極めることができなくなります。そのため、「自分はいったい何に悩んでいたのか」が、しっかりと把握できなくなってしまうのです。これはとても危険な状態であると言っていいでしょう。

過度な一般化が生じると、悩みの正体が曖昧になり、それが全体に伝播《でんぱ》していってしまいます。こうなると、つらさは極致に達し、人によってはそのストレスから解放されたいばかりに、根拠があやふやな悪質のカルトやスピリチュアルに救いを求めています。もしくは、現実逃避をするために、趣味や遊びに時間とお金を浪費してしまうのです。

そんな状況に陥らないためにも、悩みを抱えている人は、過度な一般化を起こしていないかセルフチェックをしてみてください。

悩みの原因を特定するだけで解決につながる

悩みを解決するために必要なのは、何が原因で自分がつまずいているのかを知ることです。そのためには、悩みの原因に意識をフォーカスしなければなりません。

意識のフォーカスには、**ズームイン**と**ズームアウト**の2つがあります。意識を広げていくのがズームアウト、絞っていくのがズームインです。

ズームインとズームアウトの概念を説明するため、「水」を例に取ってみましょう。

水はいたるところに存在し、川や雨だけでなく、鼻水や血液の中にも含まれています。もちろん、飲み物も例外ではありません。そこで、飲み物にズームインしてみます。

飲み物には、井戸水もあれば、オレンジジュースやお茶、アルコールなど、実に様々なものがあります。

このとき、アルコールにズームインすると、井戸水、オレンジジュース、お茶はアルコールの範疇《はんちゅう》から外れますが、ビールやワイン、日本酒、焼酎、ウィスキーなどは範疇内に留まります。

さらにズームインしてビールに焦点を当ててみましょう。

ズームインを続け、アサヒスーパードライの350ミリリットル缶に焦点を絞ったとします。

ここまでくると、意識のフォーカスは具体的かつ完全に明確化されたことになるのです。

この逆がズームアウトです。アサヒスーパードライの350ミリリットル缶をズームアウトすると、ビール全般となり、その後は、アルコール、飲み物、水という順番で焦点が拡大していきます。

こう考えると、過度な一般化は、ズームアウトの結果起きていると捉えていいでしょう。

これでは悩みはいつまでも解決されません。**ズームアウトではなく、ズームインを行って、悩みの原因を明確にする必要がある**のです。

ズームアウト、ズームインの手法を取り入れ、自分の心理状態や意識の状態を自分自身でチェックすることを、私は「**メンタルコンディションチェック**」と呼んでいます。これにより、意識のベクトルを自分自身の心理状態や意識状態の把握に向けていくのです。

人間関係の悩みを解消するには、メンタルコンディションチェックを実行し、過度な一般化を行っていないかチェックしましょう。**過度な一般化を行っていることがわかったら、意識のフォーカスをズームインし、悩みの原因は何だったのかを特定してほしい**のです。

メンタルコンディションチェックを行った結果、過度な一般化になっていると気付いたら、自分の胸に手を当て、「現実にフォーカスを当てる」と言ってみてください。

言葉にすることで重み付けを行い、さらに意識すればするほど、意識の対象がインポータントデータとなって脳にインプットされていきます。

何かを記憶する際に、繰り返し声に出して暗記した経験をしたことがあると思いますが、考え方はそれと同じです。このときに重要なのは、何を意識するかです。「現実にフォーカスを当てる」と言葉にしたら、悩みの具体的な原因（現実）にフォーカスを当ててください。すると、意識がズームインされていき、自分を苦しめていた悩みの原因がはっきりと見えてくるはずです。

私がカウンセリングを行ってきた経験から言うと、**人間関係で悩んでいた人の7割以上が、原因を特定することで解決策を自ら見つけ出しています**。私の役目は、そこに導いていくだけです。

少し極端かもしれませんが、人間関係は付き合うか、縁を切るしかありません。縁を切るなら、どう切るかという方法論になりますし、付き合いを続けるなら今後どう付き合うのかを考えていけばいいのです。この段階までたどり着ければ、あとは方法論の選択となり、悩みのつらさは半減しています。

脳は過去の体験をベースに意思決定している

人間関係の形成で強く関係していると言える脳の部位が、ブロードマン脳領域におけるエリア11です。ここは眼窩《がんか》前頭皮質と呼ばれ、「意思の決定」「報酬と罰に対する感受性に関連した行動計画の制御」「主観的な喜び」などを司《つかさど》ると言われています。

眼窩前頭皮質を含めた大脳新皮質の前部は前頭前野とも呼ばれます。この前頭前野に位置するエリア11の隣に、エリア10という「前頭極」がありますが、この部位が司るのが「未来について考えること」と「意思決定評価」です。

具体的に言うと、「あのときは良かった」「あのときはダメだった」「あのときのあの決断が今の私を作っている」など、過去の意思決定を評価しているのです。

興味深いのは、過去の意思決定評価をする部位と、未来について考える部位が強く連関していることです。

この連関は、私たちが未来について考えるとき、過去の意思決定の評価をベースにして考えていることを証明するものでしょう。

「過去を振り返るな」と言う人もいますが、人は必ず過去を振り返ります。脳は、過去の経験をベースに未来についての決定をしていくのです。

行動や計画を司る前頭前野の働き

人間関係の構築に大きな影響を与えている前頭前野ですが、その働きは主に次の3つです。

①認知行動の計画

現実を受け入れることを認知と言いますが、前頭前野はこれをしながら行動を促していきます。計画が立てられない人は、過去の決定に悪評価を下している可能性が高いと言っていいでしょう。したがって、未来について考えることもできず、次の計画が立てられないのです。

②認知行動計画にふさわしい人格の発動

意識的に計画を立てたら、次にその計画にふさわしい人格を発動させます。例えば、知人の葬儀に出席した際には、神妙な立ち居振る舞いをし、結婚式に出席すれば、喜びを表現するはずです。このように、状況を判断して、その場にふさわしい人格を発動させます。

③適切な社会行動の調整

反社会的な行動を自粛し、調整します。通常、目の前に欲しいものがあるからといって、盗んでまでも手に入れようとはしません。社会規範を理解し、そこからはみ出さないように促してくれるのです。ところが、この部位に問題がある場合、罪を犯してでも手に入れようとする傾向が強くなります。

前頭前野は、これら3つの働きをした上で「実行機能」を最終的に働かせます。これにより、「対立する考えを区別したり、現在の行動からの結果を予測したり、ゴールへの行動成果を予測したり」するのです。

例えば、「できるかな、できないかな」という迷いがあった場合、「よし、やろう！」と決断させ、さらにその決断を実行に移す際には、現在から未来にかけて行動した結果を予測するのです。予測の結果、メリットがあると判断すれば、実行に移っていきます。

メリットがないことを最初から承知の上で、計画を立てる人はいません。自分にとって期待できる未来を想像できるからこそ、私たちは計画を立てていきます。この行動を司るのが前頭前野なのです。

ドーパミンを分泌して最強の人脈を形成する

ここまで述べてきた内容を踏まえ、より良い人間関係の形成の仕方について述べていこうと思います。

より良い人間関係を築くコツは、どんな関係を作りたいのか自分の中に明確な考えを持つことです。これがはっきりしないと、トラブルが起きたときの対応がその場しのぎ的になってしまい、いつになっても問題解決に繋《つな》がらないのです。

Aさんとはどんな関係を作りたいのですか？
Bさんとはどんな関係を作りたいのですか？

この問いかけを行うことで、前頭前野が刺激され、相手と自分との関係を冷静に見直せるはずです。これにより、**相手との付き合い方の計画を立てることも容易になる**でしょう。

計画を立てておけば、途中で迷うリスクを減らすことも可能です。

例えば、A地点からB地点まで移動する際に、B地点まで印や線が引かれていない場合と、しっかりと白線が引かれ、その上を歩くだけという場合では、ゴールに到達するまでの確実性がまったく異なります。

前者では、蛇行しようが道のりが大幅に伸びようが、そもそも何のルールもないので、問題意識すら浮かびません。一方、後者は、白線の上を歩くという方針があるので、白線から外れてしまったら白線の上に戻れば確実性は回復されます。

前者は単にB地点にたどり着いて終わりです。その後、A地点に戻る場合も、行きの経路がわからないので、ルートの改善の仕方もわかりません。反対に後者のケースでは、行きのルートを検証し、改善しながら折り返すことも可能です。

このように、改善や修正、より良さを求める意識は、ドーパミンホルモンの分泌に繋がります。

ドーパミンホルモンが分泌されると、充実感や満足感、達成感、幸福感がもたらされます。幸福感に関しては、ドーパミンは特に、活動的な幸福感（動的幸福感）との結び付きが濃厚です。動的幸福感とは、何らかの行動し、目指していたものが得られたときや、得られるとわかったときにもたらされます。[※6]

ドーパミンは人の気持ちを高揚させてくれるので、報酬系ホルモンと呼ばれています。

動的幸福感を得るには、まずは目指すべきものを決めなくてはいけません。先ほどの例で言うと、「白線の上を歩いてB地点までたどり着く」と決め、それに沿って実際に行動を起こすと、ドーパミンが分泌されるのです。状況をより良くしようとして、改善や修正を行うと、さらにドーパミン分泌が促されます。

うまくいったら、ドーパミンが分泌されて、幸せ……。

うまくいかなくても、改善する意識や向上心が生まれ、それに伴ってドーパミンが分泌され、充実感や満足感が得られて、幸せ……。

こんなサイクルが成立するのです。

しかし、求めるものを決め、行動を起こさないと何も起こりません。脳は、先天的な特徴として、常に向上と進化を求めますから、何もしないと逆にストレスを感じてしまいます。

人間関係の話に戻りましょう。

Aさんとは、「付かず離れず、適切な距離を保って付き合う」と決めたとします。

すると、何気ない挨拶や、やりとりさえできていれば、Aさんとの関係において悩むことはなくなるはずです。

ところが、付き合い方を決めてないと、Aさんが嫌な態度を取ったり、悲しそうな顔をしたときに、「何か、いけないことをしたかな?」と気にするようになり、考え込んでしまったりするのです。

次にBさんとは、以心伝心の関係、あうんの呼吸、心の深いところまでわかり合える仲になると決めたとしましょう。仮に現在がそういう状況でなければ、そうなるように工夫や努力をするはずです。

恋人関係や夫婦関係、友人関係などで、関係がより良くならないのは、最初にどのような関係を作りたいのか決めていなかったケースがよくあります。

より良い関係を構築するには、まずは方針を決め、それに沿うように改善や修正を加えることです。

これをすれば、ドーパミンという報酬系ホルモンの分泌も促せるので、ぜひ実行してください。

相手との適切な距離感を計測する

ここからは、人間関係を実際に構築するにあたり、**「リレーションエバリュエーションリスト」**というマインドテクノロジーの活用について説明していきます。

まずはスマホの電話帳に入っている名前をすべて確認していきます。それが終わったら、次の5つの評価に分類してください。

5……とても重要で大切な人
4……割と重要で大切な人
3……可もなく不可もない人
2……できれば関わりたくない人
1……一切関わりたくない人

自分を取り巻く人間関係を、ここに書かれた5段階の基準で評価すると、相手との距離感がはっきりしてくるので、これまで感じてきた人間関係についてのストレスが

軽減するはずです。

さらに作業は続きます。ノートを用意し、そこに5と4の評価を与えた人だけを書き出します。それが済んだら、彼らと今後どのような関係を築きたいかを記していきましょう。

1人ひとりのことを思い出しながら、しっかり考え、心を込めて書いてください。ここでは、実現できる、できないは二の次です。あくまでも、自分がどうしたいかに特化します。1人につき、最低2〜3行は書きましょう。果てしなく書きつづっていってもかまいません。

これが終了するころには、前頭前野にスイッチが入ります。

最後に、ノートを見返してください。相手との関係が自分の記したとおりになっていれば問題ありませんが、仮にそうなっていなければ、改善と修正に向けて努力します。

前頭前野の機能を思い出してください。適切な人格の発動があったと思います。

「この相手とはこういう関係を築きたい」と意識すると、脳はそれにふさわしい人格を発動してくれます。この機能を最大限に活用しましょう。

人間関係において自我をあまり強く出し過ぎると、どうしても相手と合う、合わないが生じ、結果として付き合いの幅が狭くなります。

この状況は避けたほうがいいでしょう。

目指してほしいのは、**相手との付き合い方をしっかりと定義し、それに基づいてどんな人とも付き合える人格**です。

理想の人間関係を構築する2つのポイント

次に、対人関係のスキルに移りたいと思います。

より良い人間関係を築くには、秘訣《ひけつ》があります。先ほど述べたとおり、目標を設定した後は、改善や修正、より良さを求めることを意識して行動すると、ドーパミンが分泌されやすくなります。このことを改めて思い出して、次に記した人間関係の秘訣を心に留めてください。

それはまさに、「**見返りを求めないこと**」です。

相手からの見返りを求めなくなれば、あらゆる人間関係から解放されます。しかもこれができれば、どんな人とでも良好な関係を構築できるようになるのです。

人間関係が構築できない理由は、

「こう言ったら相手からどう思われるだろうか……」

「これをしたら、相手に嫌われてしまうのではないか……」

「こんなことを言ったら、変な人だと思われるんじゃないか……」

などのネガティブな予測が先立ち、関係を作ろうという意欲が阻害されるからです。

「見返りを求めない」という考え方を飛躍させて、嫌われたり、敬遠されることを覚悟して自分の思いどおりに行動する方法を唱える人もいますが、極端過ぎるのでおすすめしません。


私が伝えたいのは、このような極端な方法ではなく、あくまで理想的定義として、

「見返りを求めないこと」を提唱したいのです。

人間関係の基礎は、コミュニケーションです。コミュニケーションを日本語にすると、「意思の疎通」と訳されます。つまり、自分の意思と相手の意思が円滑に通じるという意味です。

ところが、ここで相手を介入させてしまうと、とたんにコントロール不可能な領域が生まれてしまいます。コミュニケーション（意思の疎通）には、当然、相手との調和、寄り添い、協調が必要です。ただし、これらを得るには、我慢や忍耐が求められるので、結果としてストレスを生むのです。

カウンセラーとしての職歴を積む中で、私は自分なりにコミュニケーションの本質を考え続けてきました。そこで見えてきたのが、次のような本質です。

「相手の立場に立ちつつ、こちらの意図に誘導すること」

相手に合わせるのでもなければ、譲歩するでもない。折り合いを付けるわけでもなければ、我慢も忍耐も必要ありません。

人生はあくまでも自分が主役。人生という長き道のりを、自分でハンドル操作しながら進んでいくのです。

この本質を理解した上で、次の2つの点を身に付けていきましょう。

①相手の幸せを思う気持ち
②こちらの意図に誘導する技術

まず、絶対的に必要なのは、相手の立場に立つことです。それなしにこちらの要求をぶつけてばかりでは、相手が受け入れてくれるはずはありません。さらに言うと、相手の立場に立つのは、こちらの意図に誘導するためなのです。ここを絶対に押さえてください。

ノートに名前を書き出した人々との関係をどのようなものにするのか――。

自分にだけメリットのある利己的なものだったら、相手をこちらの意図に誘導することはできません。

人間関係の大前提は、相手に幸せになってもらいたいという気持ちであることを胸に刻んでください。

人のことを考えて帯状回にスイッチを入れる

私たちの脳には、脳幹、大脳辺縁系、大脳新皮質などの部位があります。

脳幹は生命脳と言われていて、生命維持にまつわる様々な機能を担っています。大脳辺縁系は動物脳であり、記憶や感情、意欲を司ります。大脳新皮質は人間脳と称され、人間だけができる知的機能のすべてをこの部位が担っているのです。

さらにポイントとなるのが、帯状回、視床下部、小脳、扁桃体《へんとうたい》の4つの部位です。

帯状回は人間脳の中枢で、人間的情操や知的機能を司ります。視床下部はストレスに対応し、ホルミシス力はここが管理しています。[※7]運動および思考のパターンが入力されるのが、小脳です。最後に扁桃体は、喜怒哀楽などの動物的感情（情動）を担っています。

世間でよく言われる「ポジティブ」や「ネガティブ」を脳科学的に解説すると、扁桃体VS.視床下部、帯状回、小脳で表現できます。

扁桃体の血流が優位の状態はネガティブな状態で、視床下部、帯状回、小脳の血流が優位だと、ポジティブな状態と言えるのです。

この両者はシーソーのような関係になっていて、扁桃体の血流が活発化すると扁桃体優位となり、視床下部、帯状回、小脳の血流は不活性化し、機能も低下します。逆に、視床下部、帯状回、小脳の血流が活発化すると、扁桃体の血流は低調になっていくのです。

扁桃体は動物的感情を司ると言いましたが、動物は基本的に「闘うか、逃げるか」しか判断しません。つまり扁桃体が生み出す感情は、「闘うか、逃げるか」を判断するために働くのです。

例えば、誰かとケンカして、「もうあの人とは会いたくない！」と思ったとします。逃げる判断をしたわけです。また「絶対にあいつだけは許さない！」と思ったら、闘うと判断したことになります。

扁桃体が優位だと「闘うか、逃げるか」の判断を行うため、これではいつまで経《た》っても理想の人間関係を築くことができません。扁桃体が優位な状態での判断は、そのすべてが長期的に見てデメリットになります。これは、扁桃体が優位になったことでアドレナリンやノルアドレナリン、コルチゾールといったストレスホルモンが多量に分泌されることとも関係しています。

次にリストアップしたのは、扁桃体が優位になると出てきやすくなる症状です。

①イライラしやすくなったり、精神的ストレスを受けやすくなる
②気分にムラが出て、ふさぎ込みがちになる
③過度な心配や取り越し苦労が多くなる
④将来何をやったらいいかわからなくなる
⑤具体的な未来が見つからない
⑥何をやってもうまくいくと思えない
⑦集中ができず、注意が散漫になる

⑧物事が覚えられず、忘れっぽくなる
⑨感受性や反射神経が鈍る
⑩疲労、不眠、自律神経の失調、五感の衰え、偏頭痛、無気力、無関心、無感動
⑪自己認識の低下
⑫虐待などの暴力行為、破壊的行為によるストレス発散（他者に対する感情的な爆発）
⑬自分が起こした出来事を理解・認識できなくなる
⑭望ましくない出来事への根拠のない主観的解釈（主観的意味付け・主観的理解）
⑮対人関係への思い込み、妄想観念、現実逃避
⑯不平、不満、グチ、言い訳を瞬間的に行う
⑰他人のせいにする。ウソをつく
⑱何かに依存する。自分で物事を決められない
⑲過剰な自己愛、過剰な自己保全、過剰な自己主張

これらの芳しくない症状が出やすくなるので、視床下部、帯状回、小脳を優位にしなければならないのです。

理想の人間関係を築くには、特に、人間脳と呼ばれる帯状回を意識して優位にすることです。

扁桃体を動物脳、帯状回を人間脳として考えてみましょう。まず頭に浮かぶのは、人間以外の動物と人間には決定的な違いが存在するということです。

動物は自分のことしか考えません。一方、人間は他人のことを考えられます。

まさにこの違いが、動物脳である扁桃体と人間脳である帯状回の違いです。

このように、帯状回を活性化しない限り、理想の人間関係を築くことは難しいと言えます。それを可能にするには、他人のことを考えて帯状回にスイッチを入れる必要があります。

相手の幸せを思う気持ちは、確実に帯状回にスイッチを入れます。精神論や倫理、道徳的な立場から言っているのではなく、脳科学の世界で証明されていることなのです。相手の幸せを思い、帯状回を活性化させてください。

相手の心の扉を開くキーワード

カウンセリングの際に、クライアントの心を開かせるために絶対に必要なのが「クライアントを理解しようとする意識を持つこと」です。

人は、理解されたと感じたときに心を開きます。一部の悪徳な占い師やヒーラーなどのスピリチュアル系に高額なお金を払ってしまう人が多いのは、何も話していないのに自分のことを言い当てられると、それが「理解してくれた」という感情に繋がり、それらの占い師やヒーラーを一気に信用してしまうからです。理解は心の扉を開くキーワードと言ってもいいでしょう。

実に多くの人が、人間関係の基準を「共感」に置いています。ところが共感をベースにすると、「合う・合わない」が判断を左右するようになります。

「合う・合わない」が判断基準だと、自分の適応範囲内でしか人間関係を作ることができません。こうなると、世界観や人生観、可能性は確実に固定されてしまいます。

学校の勉強が素晴らしいのは、自分が知らないことや理解できないことを学べるところです。これにより知性が向上し、成長に繋がるのです。

ところが、「合う・合わない」を基準にしてしまうと、こうした成長が得られません。

世界観、人生観、可能性を拡大させる人間関係を積極的に構築していくには、「相手を理解する」という意識で相手と接してください。

相手を理解することに努めるのですから、その際は自分のことを脇に置きましょう。すると、先ほど述べたとおり、扁桃体の機能が抑えられて帯状回が優位になります。これにより、自分の感情に振り回されることもなくなるはずです。

共感とは主観的観測であり、自分の物差しで相手を測っています。これに対し、理解とは客観的観察です。客観的観察と言うと、一歩下がって冷静に行動するという印象を持つかもしれませんが、そうではありません。事実をリサーチし、積極的にプロファイルすることが求められます。

次に例を挙げますので、共感・主観的観測と、理解・客観的観察の違いを摑《つか》んでください。

主観的観測

「コピーの枚数を間違えて上司から怒られた」

客観的観察

「コピーを頼まれてプリントしたが、枚数が違っていた。上司は強い口調で眉間にしわを寄せて『だめじゃないか！』と私に言った」

主観的観測

「わっ、雨降ってきた！　最悪〜どうしよ〜」

客観的観察

「雨が降ってきたが、私は傘を持っていない」

主観的観測

「朝くらい気持ちよく挨拶してよ、気分悪い」

客観的観察

「朝、夫に『おはよう』と声をかけた。夫は、無表情で軽くうなずいた」

これらを見ると、客観的観察には感情が入っていないことに気付くと思います。あくまでも事実のみを取り込むわけです。

「機械的で冷たい感じがする」と指摘したクライアントもいましたが、忘れてはならないのは、相手を思う気持ちを持つという大前提です。相手の幸せを思う気持ちがあり、それをベースにして客観的観察を行うのです。

その際には、相手を理解できたかどうかは重要ではありません。相手を理解するという意識を持ち、相手に接することのほうが重要なのです。

これができると、かかる時間はまちまちではありますが、確実に相手はあなたのことを信用し始め、心を開いてくれます。そして、あなた自身も今までのように感情に振り回されなくなるでしょう。

クライアントの大半が、自分のことを相談しにやってきます。

悩みの根本は子どもの問題であったとしても、最終的には子どもについて悩んでいる自分のことに相談が帰結するのです。

このように、多くの人が自分のことを考えて日々を送っています。

そんな中で、徹底的に相手を理解しようと努めるのですから、あなたを煙たがる人が出てくるはずはありませんし、間違っても嫌ったりはしないでしょう。

もしも目の前に、自分のことを全身全霊で理解しようとしてくれている人がいたらどう感じますか？

絶対にその人に好感を持つはずです。

5段階の問いを使えば相手を理解できる

では、相手を理解するにはどうしたらいいのでしょうか？

それはとにかく「**きくこと**」です。


「きく」には2つあります。

「**訊く**」と「**聞く**」です。

「訊く」は尋ねると同意語です。まず聞く前に、訊くといいでしょう。相手を理解するためには、相手に問うことが必要なのです。

問いには強力な3つの力があります。

1つは、**気付き、成長を促す力**です。問いと答えはセットになっています。答えだけが存在するのではなく、問いに対して、答えがあるのです。

簡単な算数で考えてみましょう。

「2」と言われても、なんのことやらさっぱりです。しかし、「5－3は？」と問われると、「2」という答えがすぐに出てきます。「2」という答えを導き出すには問いが必要なのです。問いがなければ、答えは絶対に存在しません。

気付きの多い人は、常に自分に問いかけています。そもそも成長意欲とは、自分に対する問いかけと言い換えてもいいのかもしれません。

問えば問うほど、脳は答えを探すので、何気ない情報が自分にとってインポータントデータとなるのです。

2つ目は、**思考を強制する力**です。答えを出してくれるかどうかはわかりませんが、問いかけを行うと、脳は必ず問いに対する答えを思考するようにできています。

誰かに「昨日何時に起きた?」と訊くと、相手は必ず起きた時間を答えてくれます。もしくは答えなかったとしても、そのことを考えてしまうのです。**訊くことで、あなたは相手の思考を意図的にコントロールしたと言えます。**

問いにはこのような強烈な力があり、さらに考え方を突き詰めていくと、5段階レベルの問いが存在すると考えられます。

次に紹介していきましょう。

レベル1……尋問

「なんで?」という問いかけが尋問です。最もレベルが低く、脳は答えを出せずにストレス状態になってしまうことがあります。

例えば、サラリーマンが会社に遅刻したとしましょう。

上司「なんで遅刻したんだ! ダメじゃないか!」
部下「すみません……昨日遅くまで起きていたので……」
上司「なんで言い訳するんだ! 今日は大事な会議があるとわかっているだろう。それなのに、なんで遅くまで起きていたんだ!」

部下「すみません、書類整理をしていました……」
上司「そんなのいつでもできるだろう！　なんで書類整理なんかしていたんだ！」

このように、いつまで経っても十分な答えが得られず、お互いにストレスを溜めていくのです。「なんで？」と問えば問うほど、思考は混乱し、答えの出ない状態で脳神経は働き続けます。**グランドループ**と呼ばれる状態です。

ちなみに、「なんで？」に対する答えが最終的に落ち付く先は、「わからない」がお決まりのパターンです。

グランドループを引き起こす「なんで？」という問いは、自分や他人に絶対に行わないようにしましょう。

それを心がけるだけでも、人間関係がスムーズになります。

レベル2……設問

設問は、選択肢を提示する問いです。

「今日の夕食だけど、中華にする？　イタリアンにする？」

この手の問いは、**クローズクエスチョン**とも呼ばれます。

クローズクエスチョンとセットなのが、**オープンクエスチョン**です。この場合、「今日の夕食だけど、何が食べたい？」と訊きます。この場合、相手が自由に答えを選択できます。

オープンクエスチョンで相手から答えがなかなか出てこないときは、クローズクエスチョンをしてあげてください。

レベル3……疑問

疑問とは、自分の知らないことを訊く問いです。

「〇〇さん、出身はどちらですか？」

「これって、どうやってスイッチ入れるんですか？」

こんな具合に、自分の知らない情報を訊くときに用います。

レベル4……挨拶問

挨拶問は、単純に挨拶です。会話は、基本的に問いと答えの繰り返しによって行われます。英語の挨拶がわかりやすいので、その例を示してみます。

「Good morning! How are you today?」
「I'm fine, thank you. And you?」

問いに対して答え、そしてこちらからも問いを投げかけるのです。

多くの会話が、挨拶から始まります。つまり、挨拶をしっかりすれば、コミュニケーション能力は非常に高まるでしょう。

レベル5……質問

質問は、未来に希望を持てる問いかけです。

「もし、あなたが今抱えている悩みがなくなったらどんな気分ですか？」

「そりゃ、最高ですよ！」

このように、未来に希望が湧《わ》くような問いをしたいものです。

5段階のレベルの問いを紹介してきました。相手を理解するには、いずれにしても問いかけることが重要であることを覚えておいてください。

主従関係を思い通りに操る方法

第1章でデータフィールドに触れ、誰もがセルフデータの中で生きていると述べました。「問い」には恐るべき力があり、問いかけることで強制的にこのセルフデータを共有してしまうのです。これを「**データ共有フィールド**」と言います。

たとえ初対面の人でも、問いかけることでデータフィールドは強制的に共有されてしまうのです。

こんな興味深い例があります。1階から10階まで上がっていきます。その際、一緒にエレベーターに乗り、エレベーターに乗っている面識のない人に問いかけてみてください。

「今日も暑いですよね？」

すると、「はい、そうですね」と答えてくれるか、ここまで明確に答えてくれなければ、「あはは……」と微笑ぐらいは返してくれるでしょう。

いずれにせよ、問いかけを行ったことで、初対面の人にもかかわらず強制的に繋がることができます。

データフィールドを共有する際には、必ず「主」と「従」が生じます。さらに言うと、**データ共有フィールドにおいて、「主」のポジションを取ることができれば、相手を意のままに誘導することも可能**です。

コミュニケーションが思いどおりにいかないのは、データ共有フィールドで「従」

になっているからかもしれません。

有名人のインタビューを見てみると、このことがよくわかります。

立場的には有名人のほうが上にいるはずですが、実際には、インタビュアーの問いかけに従って答えているので、コミュニケーションという観点からは、この場合、インタビュアーが「主」となるのです。つまり、有名人は、インタビュアーにコントロールされていると言ってもいいでしょう。

訊いた後は、必ず聞こう

あなたが問いかけると、相手は必ず答えます。その際には、しっかりと相手の話を聞いてあげましょう。

このときに重要なのが、「**あいづち**」です。

あいづちにも、良し悪しがあります。

同じあいづちを何度も繰り返していると、相手はだんだん黙り込みがちになるはずです。これとは逆に、上手なあいづちを打てば、相手はこちらの問いかけに気持ちよく答えてくれるでしょう。

では、どんなあいづちがあるのか、次に紹介してみます。

あいづちの例

はい、そうですね、そうですか～、なるほど、ええ、う～ん、ほお、へー、そうなんですね、はいはい、はあ～、え～、それでそれで、そこですか、面白いですね～、つらかったですね……、楽しかったですね、気持ちよかったでしょうね～、そんなことがあったんですか……、それは大変でしたね……、そういうこともあるんですね……

挙げていけば、いくらでも出てきます。同じあいづちを打たないことを実践するだけでも、コミュニケーション力は格段にアップするはずです。

相手を思い通りに動かす悪魔的手法

ドーパミンは報酬系ホルモンという話をしましたが、同時に快楽性ホルモンでもあります。それゆえに、依存を生じさせるホルモンです。

アルコール依存症やタバコ依存症など、依存症のすべてはドーパミンホルモンによる作用です。

ドーパミンは、求めていたものを得たとき、もしくは得られるとわかった時点で分泌されます。実際に分泌され、快楽や幸福感を得ると、それが忘れられなくなって何度も繰り返すのです。これが続くと、ドーパミンの強化学習サイクルと呼ばれるシステムが脳に定着し、快楽を得るためにそれを得られる対象を常時探すようになります。これが依存のメカニズムです。

何かに悩んでいる人が、新興宗教の教祖やメンターに依存してしまうのも、ドーパミンの強化学習サイクルによるものと言っていいでしょう。

教祖やメンターから認めてもらったり、褒めてもらったりすることで、嬉しい感情を抱きます。すると、ある種の達成感、充実感を得て、ドーパミンが分泌され、幸福感に包まれるのです。そしてさらなる幸福感を求めて、教祖やメンターから認めてもらったり、褒めてもらうための行為に従事し、ドーパミンの分泌を促そうとします。

この例が理想とは言えませんが、こうした手法で相手の行動を変えていくのが「**インディレクトリープレイシング（間接的に褒めること）**」というマインドテクノロジーです。

このテクノロジーには、無意識脳の動きが大きく関係しています。人の無意識脳は周辺情報を常にリサーチしています。しかも、意識脳で捉える情報より無意識脳が捉えた情報を優先する傾向があるのです。

例えば、頭の中で流れ続けていて、何気なく口ずさんでしまう曲があったとします。いったいなぜこの曲を口ずさんでいるのだろうか……。そう思って記憶をたどっていくと、さっき立ち寄ったスーパーでかかっていた曲だったりしたことがありませんか？

意識的に聞いていたわけではなかったのに、無意識に入ってきていて、そのフレーズが頭の中でリフレインしたり、または、口ずさんでしまっているなんてことは、珍しいことではありません。これが、無意識脳がキャッチした結果です。

意識的に直接迫ってくるよりも、間接的にアプローチされたほうが、情報を受け取りやすかったりします。人は、あまりにも直接的だと、警戒したり疑ったりするものなのです。だからこそ、教祖やメンターは間接的に褒めます。

間接的に褒めるために、当人ではなく周囲にいる人を褒める場合もあります。

例えば、CさんがAさんのことを間接的に褒める場合、CさんはAさんの友だちであるBさんに「Aさんてさ、本当にやさしいよね……あんなにやさしい人っていないよね」と話します。すると、BさんからAさんには「Cさんがさあ、Aさんのこと、めちゃくちゃやさしい人だって言ってたよ～」と伝わるのです。

直接褒められたわけではないので、Aさんはその言葉を素直に受け取ります。すると、AさんはCさんに好感を抱き、Cさんの要求に応《こた》えようとし始めます。

これが3回ほど行われると、AさんはCさんの言うことを聞くようになるでしょう。このようにして、相手をこちらの意図に誘導するのです。

第３章　まとめ

- 現代人のストレスのかなりの部分は、人間関係が原因。
- 良好な人間関係を築くには、精神状態を安定させること。これができていないと自らの不安定な表情や態度を相手に察知され、敬遠されてしまう。
- 悩みとは、物事が思ったとおりにいかないこと。悩みは、すべてが悪のように捉えられがちだが、実際は悪い面ばかりではない。
- 「もっとこうしよう」という思いが浮かび、現実とのギャップを感じると、それが悩みとなる。だが、こうした問題意識の浮上は歓迎すべきこと。
- 人間関係で悩んでいると訴える人の大半が、自身が抱いている印象を過剰に一般化している。これを「過度な一般化」と呼ぶ。興味深いことに、悩みが１つだけしかない場合は、過度な一般化は起きない。
- 過度な一般化が起こると、問題の本質を見極めることができない。その結果、「何に悩んでいるのか」がしっかりと把握できなくなる。こうなるとつらさは極致に達し、危険な状態に陥ることもある。
- 悩みを解決するには、原因に意識をフォーカスすること。フォーカスの方法としては、意識を広げる「ズームアウト」、意識を絞る「ズームイン」がある。悩みの原因を明確にするために必要なのは、ズームインを行うこと。原因が特定できれば、解決策も見つけられる。
- 自分を取り巻く人間関係を、５段階の基準で評価することで相手との距離感がはっきりする。
- より良い人間関係を構築するための秘訣は、見返りを求めないこと。相手からの見返りを求めなくなれば、あらゆる人間関係のしがらみから解放される。
- より良い人間関係を築くために、相手に幸せになってもらいたいという感謝と尊敬の気持ちを常に胸に抱いておこう。
- 相手を理解する際に不可欠なのは、相手に問うこと。気付きの多い人は、自分に対しても常に問いかけを行っている。
- 相手の行動を変えたいのであれば、間接的に褒めるといい。

第4章

お金に一生困らなくなる脳

催眠療法から得た理性解放論

この章では、経済的豊かさを得るための脳の使い方を解説していこうと思います。その前段階として、まずは催眠療法の話から始めます。

私はこれまで、必要とあれば催眠療法によってクライアントのセラピーを行ってきました。クライアントが悩みや課題をクリアできない原因を、カウンセリングで特定し、催眠という手法を用いてその原因にアプローチしていくのです。

例えば、「タバコをやめたいけどやめられない」というクライアントの場合、タバコをやめようと意識はしているのですが、無意識にタバコを吸いたいという欲求が湧《わ》いてきてしまい、タバコを吸ってしまいます。

これがダイエットであれば、痩せるために食べる量を減らそうと意識しているのですが、食べたいという欲求に駆られて、食べてしまうのです。

これに対処するために、催眠療法では施術者が外部からメッセージを送り、無意識の層にインプットされた情報を書き換えてしまいます。

心理学的には、意識は大きく3層に分かれており、起きている状態である「覚醒状態」、寝ている状態である「睡眠状態」、そしてその中間である「催眠状態」が存在します。催眠は、漢字が示すとおり、眠りを催す状態なので、寝てしまう前のウトウトした意識状態を指します。

タバコをやめたいと思っている人は、タバコの害やデメリットを意識では理解していますが、理性がブロックしてその情報が無意識レベルに到達していません。一方、無意識レベルには「吸いたい」と刻印されているので、その「吸いたい」という無意識レベルの情報・メッセージが意識化され、吸ってしまうと言われています。

脳科学ではこのカラクリのことを、ニューロンの結合状態やホルモンの分泌で説明されているのですが、説明はできても、改善はされないので、タバコをやめたいと切実に思っている人の気持ちは、モヤモヤとするばかりです。

催眠療法では、外部の情報が無意識レベルに到達することを阻んでいる理性を強制的に開かせ、施術者が被験者の望む状態を得るために無意識レベルに情報・メッセージを投げかけます。被験者は催眠状態なので、理性が働かずに外部の情報を無意識レベルが受け取ってくれるのです。

それぞれの意識状態を脳波で説明すると、覚醒状態はベータ波、睡眠状態はデルタ波やシータ波、催眠状態はアルファ波の状態と言われています。

理性を強制的に開かせるには、施術者が人工的かつ意図的に被験者を催眠状態に誘導します。そして、眠る前のウトウトした状態にし、言葉かけをしながら維持します。この状態が大事なのは、眠ってしまうと意識がなくなってしまい、外部のメッセージは無意識の層にすら届かなくなってしまうからです。施術者がメッセージを届け終わると、被験者を覚醒状態に戻します。

これが基本的な催眠誘導のプロセスです。

タバコをやめたい人には、「あなたが目を覚ましてタバコを吸うと、むせて、タバコを吸いたくても吸えなくなってしまいます」とのメッセージを届け、ダイエットしたい人には、「あなたが目を開けた後、どれだけ食べたくても満腹の手前で食欲がなくなってしまいます」という内容のメッセージを届けます。

被験者が催眠状態から覚醒状態に移行し、実際にタバコを吸うと、むせてしまいます。むせることは意識的にはできないので、これは無意識の反応です。タバコを吸うとむせることになるので、自然と吸わなくなっていきます。ダイエットの場合は、送られたメッセージのとおり、満腹の手前で食欲がなくなるのです。

催眠療法を受けたことのない人からすると、魔法のように思ったり、いかがわしく思うかもしれませんが、こうしたことが実際に起こります。


ところが、催眠療法を行い、効果が出れば出るほど、クライアントは私に依存する場合があります。自分で何とかしようとはせずに、私の施術によって自分を変化させようとするのです。

また、施術者である私との関係が良好ではないと思い込むと、自分はダメになってしまうのではないか、もう変われないのではないかという不安に駆られ、私の顔色を窺《うかが》ったり、私に気に入られようと働きかけたりするようになります。これはあまりいい兆候ではありません。

「私はあなたの味方ですから、あなたを嫌うことはありませんよ。あなたはよくなっていくことだけを考えてくださいね」

こう伝えるのですが、なかなか聞き入れてくれません。

このことによって、催眠療法は新たな依存を作ってしまうと確信しました。そこで、施術者がクライアントに催眠療法のような施術を行って改善するというスタイルではなく、クライアント自身が自分で自分を変革していくというスタイルでないといけないと自覚し、クライアントの自立を促す方法の研究に没頭したのです。

そこでわかったのが、「**理解**」でした。

外部の情報を遮断してしまうのは理性であるという話はしました。この理性が働く理由は、防御・プロテクトです。自分を守るために理性を働かせ外部情報を遮断するのです。

まさに交友関係と似ています。

この人は私にとってメリットがあるのだろうか……。

私に害を与えないだろうか……。私を騙《だま》そうとしているのではないだろうか……。

このように相手を疑ってばかりでは、深いコミュニケーションを交わすことはできません。しかし、交流を重ねていくうちに、気心が知れ、その人との関わりは自分にとってメリットがあると理解できれば、警戒心も解け、深いコミュニケーションを求めるようになります。これと同じなのです。

対象となる概念や方法、話をしっかりと理解でき、それが自身にメリットがあるとわかったら、理性を働かせる理由がなくなります。すると、対象である情報は、本人のコントロール下でしっかりと無意識のうちにメッセージとして刻まれるのです。これにより、本人によって無意識脳を書き換えることが可能となります。

私はこれを「**無意識脳書き換えのための意識的理解による理性解放論**」と名付けました。

どんなことにも共通していますが、こと本章のテーマの1つである経済となればなおのことです。経済的豊かさは、自分で判断し、自分でコントロールしていかなければ、いつまでも得ることはできません。つまりは、**対象をしっかり理解し、コント**

ロールすることが不可欠なのです。

経済的に豊かになるための自立性貢献活動

教育は、「**自立を促すための情報提供**」と定義できると思います。この定義に沿って教育を行っていけば、洗脳や依存のような極端な状況に陥る可能性を減らせるはずです。

脳は本能として、人を依存から自立、自立から貢献へと成長させるように機能します。この機能に合わせて教育を行えば、いい結果が得られるのは間違いありません。

ところで、脳科学の観点から言うと、教育と経済的豊かさには密接な関係があります。これを裏付けるものの1つが、次に挙げる「**経済的豊かさを作り出す方程式**」です。

産業分の脳活用度＝経済

つまり、脳を活用して何かを産み出す作業をすることが経済を形作り、最終的にそれが経済的な豊かさに結び付くのです。さらに付け加えると、前章で触れたとおり、脳を活用するためには、帯状回にスイッチを入れる必要があります。

帯状回は、「私」の部分を取り除き（滅私）、「公」「人の役に立つ」（奉公）を意識することで活性化します。「貢献」が求められるのです。

すなわち、依存状態から脱することが経済的な豊かさを手に入れるための第一歩と言っていいでしょう。

身体は運動しすぎると故障してしまうこともありますが、脳は鍛えすぎて壊れることはありません。**鍛えたら、鍛えただけ開発され、発達していくのが脳です。**

依存の最大のデメリットは「考えなくなる」ことです。依存している人は、まったく考えなくなります。依存対象に１００％従うのみです。

投資で騙されたと訴える人の大半は、自ら考えることなく、依存的な投資方法を行っています。起業して失敗した人は、誰かに依存していた傾向が強いと言えます。

「お金を預ければ増やしてくれる」「あの人が集客してくれると言ったからお店は大丈夫」といった具合です。

こうした依存状態から距離を置き、自立心を持って、経済活動をすべきでしょう。結果は自分次第なわけですから、失敗するも成功するも他人のせいにすることはできません。自分の行動が、結果に直結するのです。

なんと明確なのでしょうか！

カウンセリングおよび脳科学という観点からすると、**経済的豊かさを得るための絶対的信条は「自立性貢献活動」にある**と私は考えています。

自らが、社会や周囲の人やお客様に役立つ経済活動を行う――。

これがまさに成功哲学ではないでしょうか。

社会貢献という意識が帯状回にスイッチを入れ、周りに感謝することにより、シータ波がセロトニンの分泌を促し、豊かな気分になる。さらに行動を起こすことで、アセチルコリンが分泌され、アイデアが湧き出て好機に恵まれる。これを土台として、計画を立て、その達成に向かって行動する中で、ドーパミンが分泌されて動的幸福感が得られる――。まさに好循環です。

脳は、精神状態に大きく左右されます。したがって、まずは経済的に豊かになるためのマインドセットが重要です。方法論やテクニックだけでは、一時的な利益を得られるかもしれませんが、長期的には続きません。こうしたことも頭に入れておいてください。

お金イコール自分の価値という社会の呪縛

経済的に豊かになるには、まずお金の仕組みを理解しておく必要があります。

お金というと現在では、通常、紙幣と貨幣を指します。紙幣なら1万円札、5000円札、2000円札、1000円札です。貨幣なら、500円、100円、50円、10円、5円、1円となります。

では、このお金はいつごろ、どうやってできたのでしょう。

時代は中世にまでさかのぼります。世界で初めての銀行である準備預金銀行は、ベネツィア（現イタリア）でできたと言われていますが、その少し前の時代です。

その時代、ゴールドスミスと呼ばれる人たちがいました。金の加工をする人たちです。当時は金本位制が敷かれており、お金の代わりとなっていたのは「金」でした。

このことからもわかるように、お金という言葉は、経済システムが金の交換によって成立していたことがルーツになっています。

金は、そのまま使われていたわけではなく、それを加工した貨幣が流通していました。日本だと小判のことです。

この貨幣を加工する人たちをゴールドスミスと呼んでいました。

ゴールドスミスは、金を加工して貨幣にすると同時に、貸金庫業も始めます。金庫という言葉も、金を保管しておく倉庫という意味で「金庫」という名称になったのです。

金は非常に重いので、ゴールドスミスたちは加工した金を貸金庫で預り、どれだけの金を預けているかという証明書を発行していました。金を現物のまま持ち運んで交換をするのはあまりに非効率的なため、当時は、金の預かり証が貨幣の代わりとして流通していたのです。

この仕組みが普及してしばらくすると、貸金庫を管理していたゴールドスミスは、金の預かり証を受け取った持ち主たちが実際に貸金庫を訪れ、金が本当にあるかどうかを確認しないことに気付きます。それほど預かり証には信用性があったのです。

そこでゴールドスミスは、金のあるなしに関係なく預かり証を発行してもわからないと考え、無造作に預かり証を発行し始めました。その結果、ゴールドスミスたちは裕福になりました。この考え方を取り入れ、合法的な仕組みとして商売に結び付けたのがロスチャイルド家でした。

元々は、金本位制の下で、金の預かり証は発行されていました。ところが、次第に預かり証そのものに価値を付けようという発想になり、その結果、紙幣というシステムが生まれたのです。紙幣を刷ることで、発行元はどんどん経済的に豊かになっていきました。

それまでは、金貨1枚の価値は、それに含まれている金の分量によって決められていました。ところが、紙幣制度というシステムでは、1万円の価値がある紙幣を作る際に、紙幣そのものに1万円分の価値を含有させる必要はありません。つまり、1万円紙幣を100円のコストで作ることができれば、1万円を1枚刷っただけで9900円の儲《もう》けを得られるようになったのです。

これが紙幣制度の始まりであり、紙幣制度はバーチャル経済とも言えます。

「だから、お金なんてどうでもいいんでしょ？」

そんなことを言いたいのではありません。

お金を実体のないものと考え、お金イコール自分の価値という社会の呪縛から自分を解き放つ姿勢を持ってほしいのです。

経済とは、しょせんは社会が作ったルールでしかありません。

「赤信号では止まり、青信号では進む」というルールと同じで、「赤はストップ、青はゴー」という決まりは物理的法則ではなく、人々の同意の下で守られているに過ぎません。

経済的に豊かでないことに悩んでいる人の多くが、経済的価値と自己評価を直結させています。これはまさに経済という概念によるマインドコントロールです。この心理状態では、前項で述べた脳の好循環を起こすことはできません。まずは**経済的価値観から自分を切り離してみてください。**

経済的拘束から解放されるマインドセット

経済の仕組みが、実体のないものに価値を与えることで成り立っているという事実を理解し、経済に関する固定観念から自分を解放していきましょう。

その方法の1つとして、紙幣は「政府が定めた全国共通商品サービス交換券である」という考え方を無意識脳にインストールし、経済と自己評価を切り離すマインドテクノロジーを紹介します。

まずは額縁を用意し、1万円札と5000円札、1000円札をその額縁に入れ、飾ります。いつでも目が届く場所に飾れるのであれば、額縁を用意しなくてもかまいません。

飾った後は、お札を眺めながら、**「これは社会が作ったシステムだ。私自身の価値とは無関係だ。経済とは実態を伴わないバーチャルなものだ。よし！」**と声に出してみます。

これを1カ月ほど毎日続けてください。経済の成り立ちを理解した上で、自分に対して言語的情報を投げかけることで、徐々に自分が所有する経済的物質量と自己評価が切り離されていきます。

これができると、経済的なバックグラウンドは自分を形成しているほんの一部であり、すべてではないことが無意識脳レベルでわかってくるでしょう。さらには、**自分の脳が作り出す発想の中身が、見違えるほど自由度を増していきます。**

情報リテラシー向上には、脳の「TPJ」を鍛える

自由な発想ができるようになったら、経済的価値を無限に生み出す脳を形成するた

めに必要な理論を学び、その方法を取り入れてください。
経済的な豊かさを得るには様々な能力が要求されますが、その中で最も重要なのが判断力です。経済活動とは、判断の連続と言い換えてもいいでしょう。

私たちは、膨大な情報社会の中で生きながら、判断を下していかなければなりません。例えば、インターネットで検索すれば、儲ける方法が山のように紹介されています。探せば探すだけ、情報を得ることができるのです。

その中から、自分にとって最適な情報を選別しなければなりません。

この能力を「**情報リテラシー**」といいます。

リテラシーとは識字という意味ですが、ここでは情報を自分の目的に適用するように使用できる能力として解釈され、情報活用能力、情報活用力、情報を使いこなす力と呼ばれることもあります。

したがって、情報リテラシーは、「**自分なりに、そして自分次第で、自分という主体が情報を収集し、それを選択した上でその情報を活用し、さらには自分でその情報を編集し、その情報を発信できる能力**」を指します。

情報に踊らされず、むしろ自分が情報をコントロールし、情報を発信する側になること。これが経済的豊かさを得るための必須能力なのです。このことは、先ほど述べた「教育」の定義にもリンクしてきます。

まずは経済という概念による拘束から自分を解放しないと、情報をコントロールできませんし、第1章で紹介した、あらゆる本質は情報・データであるという考え方を理解せずに情報リテラシーをフル活用することはできないと思います。

経済的に豊かになれない人、ビジネスを成功させられない人は、情報に振り回されているのかもしれないと疑ってください。

情報リテラシーを身に付ける上で大きく関係するのが、TPJという脳の部位です。これは、テンポロパリエタルジャンクションの略称です。日本語では「側頭頭頂接合部」と呼ばれています。大脳新皮質内の側頭葉と頭頂葉のつなぎ目に位置しているのがTPJです。

TPJは、自分と他人との区別を司《つかさど》り、体外離脱体験や自己像幻視は、この部位が引き起こしていると言われています。心理学では、セオリーオブマインド（心の理論）という用語が使われますが、これはまさに「自分と他人の区別」のことです。

まとめてみると、①心の理論、②体外離脱体験、③自己像幻視といった3つのことをTPJは担っています。


これら3つのうちでポイントとなるのが、「心の理論」です。

霊長類研究者のデビッド・プレマックとガイ・ウッドルフの発表によると、心の理論は、次の3つの機能に分かれているといいます。


1つ目は、「**他人への心の帰属**」。

他人には心が宿っていると認識する機能です。

2つ目は、「**心的状態の理解**」。

これは、他人には心が宿っていると理解した上で、他人の心の働きを理解するという機能になります。

3つ目が、「**行動の予測**」。

他人には心が宿っていると認識し、さらに他人の心の働きを理解して、それに基づいて他人の行動を予測する機能です。

これらの機能は、人間以外の動物は持ち合わせていません。したがって、動物には相手に心があるということは認識できないのです。当然、相手の心の働きを理解しようという気持ちもなければ、それに基づいて他人の行動を予測することもありません。

政治の世界で、「忖度《そんたく》」という言葉が横行しましたが、忖度とは、相手には心があると認識し、その心の状態を理解し、その上で相手の行動を予測することであり、まさに心の理論そのものです。これができるのは、人間である証拠と言っていいでしょう。

お金の話に戻りましょう。

ビジネスとは、モノやサービスを顧客に提供し、その対価としてお金をもらうことです。ここには必ず人が絡んできます。

例えばペットショップで働いていれば、ペットがモノであり、人が販売対象です。

このように、ビジネスや経済というのは、人が介在しない限り絶対に収益を上げることができません。

まったく新しい革新的なサービスやモノを開発したというのであれば話は別ですが、大半のモノやサービスには競合が存在します。それらの中から自分が提供するモノやサービスを買ってもらうには、付加価値を付けることが最も有効な方法です。

この場合、顧客へのちょっとした心配りをすることは、付加価値として確実な効力を発揮します。

では、顧客は何を求めているのか、何をしたら喜んでくれるのかを理解するには、どうすればいいのでしょうか。

答えは、前章で触れたように「相手を思う気持ち、相手を理解しようとする意識」を働かせつつ、ＴＰＪを活性化させることなのです。

ＴＰＪを活性化させる方法

前項で述べたとおり、相手を理解する意識を高めることによって、ＴＰＪは活性化します。これができると、顧客への対応が無意識脳レベルで変わってくるでしょう。

では、相手を理解する意識を高めるには何をすればいいかというと、「物語」を思い浮かべてみることです。相手の生い立ち、成長過程、悩み、目指している夢などを想像することで、自然に思いやりが募ります。


思い浮かべるためのきっかけが必要であれば、直接訊《き》いてみてもいいでしょう。訊ける状況でなかったり、そこまで親しい関係でない場合は、想像するだけでも問題ありません。


目の前の人は、これまでにどんなハードルを乗り越えてきたのだろうか？

目の前の人は、これまでにどんな苦しいことを体験してきたのだろうか？

目の前の人は、これまでにどんな哀しいことを飲み込んできたのだろうか？


普段、明るく元気な人であっても、必ず何かしらの苦難を乗り越えて今に至っているものです。ひょっとすると、今まさに苦難の中にいるかもしれません。

もしも自分が何かに困っていたとして、そのことにまったく関心を払ってくれず、主張だけを押し付けてくるような相手だったら、そんな人からモノやサービスを買おうとは絶対に思わないはずです。

相手への理解と意識を高めるには、相手の生い立ち、成長過程、悩み、目指している夢などを想像してみましょう。必ず効果を感じ取ることができます。

ここで重要なのは、あくまでも相手のことを想像し、相手を思う気持ちを高めることです。想像した内容が仮に間違っていても、大きな問題ではありません。たとえ妄想的であったとしても、かまわないのです。ぜひ一度実践してみください。

「運がいい、悪い」を脳の観点から解析すると

「想像もしていなかった偶然が起きた」
「偶然、会いたいと思っていた人と会えた」
「思いがけないビジネスが舞い込んできた」

経済的に成功している人たちは、こんな話をよくします。

そんな彼らが一様に強調するのが、「**運**」の存在です。
似たような表現に、「**セレンディピティ**」があります。

「偶然に起きた素晴らしい出会い」
「予想外の発見」
「何かを探していると、図らずも探しているものとは別の価値あるものを見つけること」

このように、思わぬ幸運をつかむことがセレンディピティです。

では、「運がいい、悪い」という現象を脳という観点から解析すると、どのように捉えられるのでしょうか？　また、運を意図的に向上させることは可能なのでしょうか？

「運」を大脳生理学で解析すると、「小脳」の働きに関連していると言えます。経済的に成功している人は、実は小脳を意図的に使いこなしているのです。経済的な豊かさを無限に生み出す作用も、小脳をうまく使いこなせば不可能ではありません。

とすれば、小脳の働きを活性化させることで、同時に「幸運」を引き寄せられるのでしょうか？

それについて触れる前にまずは、小脳について詳しい説明をしていきましょう。

小脳のある場所は、大脳の後方下部です。構造を見ると、小脳皮質と白質から成っており、サイズは文字どおり、大脳よりも小型です。

その表面は大脳と同じくしわしわで、小脳の持つ神経細胞の数は約１０００億個と言われます。大脳の神経細胞の数は約１４０億個なので、小ぶりにもかかわらず小脳が持つ可能性は大脳よりもかなり大きいとも言っていいでしょう。

小脳が担う役割は、これまではどちらかというと目立つことはありませんでした。主なものとしては、運動機能の調整くらいしか知られていなかったのです。

例えば、２本足で立ち、そのまま倒れずにいられるのは、小脳がバランスを取ってくれているからです。また、指先を使う細かな作業を行うのも、小脳が身体に指令を出しているから可能になっています。小脳が司る機能としては、これぐらいしか認識されていなかったのです。

ところが、最近になって、小脳には身体の動きを記憶する機能が備わっていることが明らかになってきています。特に、私たちが無意識に行っている行動の大半が、小脳が記憶したもの、小脳に情報がインストールされた結果できることなのです。

例えば、「お箸を使う」という動作は、生まれながらにして人間ができるものではありません。「お箸を使う」という動作を小脳が記憶し、初めて上手にお箸を使えるようになるのです。いったんそれを覚えてしまえば、あとは何も考えなくても使えるようになります。

成功の型を小脳にインストールする

同じことを何度も繰り返し行っていると、何も考えなくてもできるようになるのも小脳の働きが大きく関係しています。

英単語を何度も読んでいると、自然にスペルも覚えてしまう……。考えごとをしていても、道を間違わずに家に帰れてしまう……。これらの現象は最初は大脳が記憶するのですが、それを小脳がコピーしているから持続的に行うことが可能になるのです。

これまでは、小脳ができるのは運動のコピーだけと考えられてきました。ところが、小脳は思考や感情もコピーできることが新たな事実としてわかってきたのです。

そこで、小脳による思考や感情のコピー機能について説明していきます。

私たちの脳は、まず五感から外部情報を受信します。目で見る、耳で聞く、鼻で嗅ぐ、口で味わう、皮膚で触れる――これらが五感です。

この五感で受信した外部情報は、神経を経て背骨に集まります。背骨の中心には神経が束になって詰まっており、上行神経を通って情報は脳へ伝達されるのです。

背骨の先に位置する脳は、まず脳幹の下部で情報を集積し、脳幹の上部、間脳へとさらに情報を伝達していきます。間脳は、受信した情報を解析し、大脳辺縁系に伝達し、大脳辺縁系が記憶・感情・意欲に関わる処理を行い、大脳新皮質にその情報を送るのです。

その後、大脳新皮質は、それぞれの情報に適応した部位に分け、人間的、知的処理を行います。大脳新皮質で情報処理を行われると、再び脳幹に情報が送られ、脳幹はその情報を受信して各器官に指令を出します。こうした一連の流れを経て、身体は行動に移るのです。

すでに述べたとおり、身体の中で最もエネルギーを消費するのは、脳です。その量は莫大《ばくだい》で、プロ棋士の中には、一局の対局で3キロから5キロも体重が落ちることもあるそうです。脳はそれほどにエネルギーを消費します。

将棋の対局をテレビで見たことがある人はわかると思いますが、対局中の棋士は肉体的に激しく動くことはありません。右手もしくは左手を動かしたり、体を少し揺らすくらいのものです。

にもかかわらず、3キロから5キロも体重が落ちるのは、それだけ脳を使っているからと言えます。

生命を維持するという観点からすると、これだけ大量のエネルギーを消費するのは望ましくありません。脳の絶対優先順位は生命維持ですから、本来はエネルギー消費をできるだけ少なくしようと働きます。そこで小脳が登場するのです。

Aという刺激があると、その刺激情報は上行神経を通って脳幹下部に伝達され、脳幹上部での変換を経て、大脳辺縁系へと情報伝達され、さらに大脳新皮質で知的情報の処理がなされた後、脳幹に情報が伝わり、各器官に指令が出されます。

この一連の流れが一定期間、1つのパターンとして「型」になったとき、小脳へインストールされるのです。

例えば、「困っている人がいる」という外部情報を受けた際、「助ける」という形に情報処理をしたとします。それ以降、「困っている人がいたら助ける」という行動を繰り返すと、脳はその都度、情報処理を行うことが非効率的であると判断し、小脳にその一連の思考パターンをインストールするのです。その結果、再び同じような外部情報を受信すると、大脳新皮質は反応せず、代わりに小脳が処理を行い、助けるという行動に移らせるのです。

この流れを「型」にするには、例外を作らないことです。


「今はゆとりがあるから、困っている人がいたら100%助ける」

「今はそれほどゆとりがないので、困っている人がいても必ずしも助けられない」

「今はゆとりがまったくないので、困っている人がいても助けられない」

これでは型はできません。例外を作らず、常に助け続けた場合に限り、型は小脳にインストールされるのです。

経済的な豊かさを無限に生み出す極意

こんな興味深い話があります。

外見はとてもか弱い女性が、空手を習い続けていました。10年も習い続けた結果、彼女は黒帯保持者となったといいます。

ある夜、会社から自宅への帰路、彼女は痴漢に襲われました。恐怖から「きゃー」という叫び声を上げつつも、無意識のうちに空手の技が出てきたため、彼女は痴漢を撃退してしまったそうです。

この話を脳科学的に読み解くと、空手の技が「型」として小脳にインストールされていたため、恐怖や不安、ストレスを感じたと同時に、反射的に型が発動したと解釈できます。

こうした優れた機能を持つ小脳を活用し、経済的豊かさを無限に生み出していくこ

とも可能です。ただし、それをするには、自分の中に存在する「当たり前」の基準を書き換える必要があります。

ここで言う当たり前とは、今まで繰り返してきたために小脳にインストールされている「型」のことです。この型を、経済的豊かさを生み出すための「型」に変えていくのです。

そのための第一ステップとして、まずは**自分にとっての「当たり前」が何なのか考えてみてください**。

仕事や日常生活における「当たり前」について、よくあるケースをいくつか挙げてみましょう。

「商品を売るのは難しい」
「顧客との新規契約になかなか結び付かない」
「貯金がどうしてもできない」
「毎月の支払いが苦しい」
「無駄遣いをしてしまう」

このような「当たり前」を背負い込んでいる人は多いのではないでしょうか？

これらの中から、仕事に関連するものに絞り込んで、「当たり前」の概念を書き換える方法を説明していきます。

まずは、「当たり前」になっている事柄を、自分にとって望ましい状況、楽な状況、都合のいい状況に書き換えてほしいのです。

例えば「貯金がどうしてもできない」のが「当たり前」だとしたら、自分にとって望ましい状況、楽な状況、都合のいい状況は、どのようなものでしょうか？

「計画どおりに貯金をして、自分が必要な金額を貯蓄することができている」

おそらくこれがベストな状況でしょう。

この要領で、現在「当たり前」になっているネガティブなものを書き出して、それらをすべてベストな状況に書き換えるのです。その後は、書き換えた「当たり前」を新たな「型」として、小脳にインストールします。

インストールを促すために、書き換えた「当たり前」を記した紙を持ち歩くか、手帳に書き写してください。さらにそれを頻繁に見返します。これを持続的に行い、例外なく意識付けしていくことで小脳へのインストールが行われるのです。

「当たり前」が書き換わると、小脳は自動的に新たな型に従って行動を起こさせてくれます。ピンチのときに空手の技が自然と繰り出されたのと同じ原理です。この「型」ができあがると、「当たり前」が実際の当たり前となって次から次へと実現していくでしょう。

経済的な豊かさを無限に生み出したいのであれば、それを可能にする「当たり前」の状況を考え、それを小脳にインストールすればいいだけの話です。必ず効果を得られますので、ぜひとも実践してください。

幸福は質の変換によって生じるもの

この項目では、脳科学から解析した幸福と経済的豊かさの関係をお話ししようと思います。

ずばり結論から言ってしまうと、幸福と経済的豊かさはイコールではありません。

脳科学から見た幸福とは、ドーパミンやセロトニンが分泌された状態と言えます。ドーパミン、セロトニンが分泌されたときに人は幸せを感じるのです。つまり、**経済的に豊かでなくても、ドーパミンやセロトニンを分泌させる術《すべ》を身に付けていれば、いつでも幸福感は得られます。**

私は常々、真の幸福とは「質的変換」であると主張しています。これに対し、経済的な豊かさは「量的変換」です。経済的な豊かさは、量に重きを置き、質は問いません。

例えば、コンビニで何かを買うとしましょう。会計の際、店員は「このお金はどのように稼いで、手に入れましたか？」とは絶対に訊きません。重要なのは質ではなく、額面（量）なのです。

300円の商品を買い、1000円札を出せば、700円のおつりが返ってくる――。このように機械的に処理されるのが経済的な豊かさのシステムであり、ベースになっているのは常に「量的変換」です。

一方、幸福は「質」が問われます。

人の脳は、生命維持を至上命題とし、それを可能にする状況に環境が変換されたときに、幸せを感じます。そのため、「質的変換」に重きが置かれるのです。

例えば、気温マイナス2度の部屋に押し込まれたとします。とても寒く、そのままそこにいると凍死してしまうかもしれません。その後、居心地のいい24度の部屋に移ることができると、その瞬間にドーパミンやセロトニンが分泌され、「暖かい、幸せだ」と感じるのです。

もしくは、のどがとても渇いていたとしましょう。これ以上、水分が摂れないと、深刻な脱水症状に陥る危険があります。そのとき、目の前に300ミリリットルの水が出され、その水をがぶ飲みしました。すると喉が潤って「あー幸せー」と実感することになるのです。

これらはいずれも「質的変換」を表しています。寒い状況から暖かい状況に質が変わった、のどが渇いた状況から潤った状況に質が変わった――その結果、ドーパミンやセロトニンが分泌され、幸福を感じたのです。

では、次のようなケースでは、人はどのように感じるのでしょうか？

気温マイナス２度の部屋から24度の部屋に移った際の温度差は26度です。そこで今後はさらに26度をプラスして、気温50度の部屋に入ってみます。温度の上昇が倍になったことを受けて、幸福度も倍になるでしょうか。もちろん、そんなことは起きません。逆に暑すぎて再び命の危険にさらされます。

のどが渇いているときに３００ミリリットルの水を飲んで幸せになりましたが、さらに10倍の３リットルの水が出され、それを飲み切るように命令された場合はどうでしょうか。当然ですが、幸福度が10倍になるようなことはありません。

このように、**幸福感は質の変換によって生じるものであり、量では測れない**のです。

目的を遂行するには理由の明確化が必須である

ところが、多くの人が、経済的な豊かさの量が増えれば、幸せになれると思っています。先ほどの例で示したとおり、目の前の1万円が10万円に増えれば幸せも10倍に膨れ上がるかというと、そんなことは起こりません。

こう言うと、「じゃあ、貧しくてもいいから、寒くもなく、のども渇かなければいい。最低限の衣食住だけ満たせれば、幸せだ」と考える人が出てきます。果ては、現実逃避の手段として自然回帰を唱え始め、外部とのコミュニケーションを嫌って内向きなライフスタイルに傾倒するケースもゼロではありません。しかし、それでは脳は成長しません。

私たちが目指すべきは「目的遂行型幸福的人生」なのです。

経済的な豊かさは「なりたい自分」になるために不可欠であり、それを実現するにはお金を稼がなくてはなりません。この概念を理解し、日々を過ごすことが目的遂行型幸福的人生です。

「理由はないけど、ブランド品が欲しい」
「理由はないけど、家が欲しい」
「理由はないけど、車が欲しい」

「理由はないけど、お金が欲しい」

これらはすべて目的のない物質欲であり、不足感や自信のなさから生じています。なぜそれが欲しいのかという理由（目的）が明確でなければ、ブランド品や家、車、お金が手に入っても、絶対に幸せになることはできません。

一方、「やりたいこと」があり、そのためにお金が欲しいと切望するのは、目的のない物質欲ではないのです。

この場合、経済的な豊かさを得るための必要性が自分自身に芽生えたことになります。つまり、豊かさを享受するにふさわしい器が自分の中に作り出されたのです。

改めて強調しますが、**経済的な豊かさを求める際には、目的を持ってください。**

どうして、そうなりたいのか？
どうして、それをやりたいのか？
どうして、それが欲しいのか？
どうして、そこに行きたいのか？

どうして、それをしてあげたいのか？

これらの欲求に対する理由を具体的に書き出して、それを達成するためにはどれだけのお金が必要なのか、リアルに計算してみます。

ここまで明確にできれば、それは目的のない物質欲ではありません。「なりたい自分」「望ましい状況」を手にするために必要な豊かさなのです。

このプロセスを踏んでいけば、幸福と経済的豊かさが見事にシンクロした真のゴールが見えてくるでしょう。「幸福と経済的な豊かさを一体化させること」は、脳科学的観点からも理にかなった考え方です。

第４章　まとめ

●催眠療法は、施術者が外部からメッセージを送り、無意識の層にインプットされた情報を書き換えていく。ただし、催眠療法にはデメリットもある。自分自身によって自分を変革していくのが望ましい。

●教育は、「自立を促すための情報提供」。この定義に沿って教育を行うことで、洗脳や依存のような極端な状況に陥る危険性を減らすことができる。

●脳は本能として、人を依存から自立、自立から貢献へと成長させるように機能する。この機能に合わせて教育を行えば、いい結果が出る。

●脳は鍛えすぎても壊れることはない。鍛えたら鍛えただけ開発され、発達していくのが脳。

●経済的豊かさを得るための絶対的信条は「自立性貢献活動」にある。依存状態から距離を置き、自立心を持って経済活動をしよう。

●経済とは、しょせん社会が作ったルールでしかない。お金を実体のないものと考え、お金イコール自分の価値という社会の呪縛から自分を解き放つ姿勢を持つと世界が変わる。

●経済的価値観から自分を切り離してみることで、自分の脳が作り出す発想の中身が見違えるほど自由度を増していく。

●情報に踊らされず、むしろ自分が情報をコントロールし、情報を発信する側になることが経済的豊かさを得るための必須能力。

●経済的に成功している人は、小脳を意図的に使いこなしている。

●経済的な豊かさを生み出していくには、自分の中に存在する「当たり前」の基準を書き換える必要がある。ここで言う当たり前は、これまでの繰り返してきたために小脳にインストールされた「型」のこと。これを書き換え、経済的な豊かさを生み出すための「型」に変えよう。

●幸福と経済的豊かさはイコールではない。脳科学から見た幸福とは、ドーパミンやセロトニンが分泌された状態。経済的に豊かではなくとも、ドーパミンやセロトニンを分泌される術を身に付けていれば、いつでも幸福感を得ることができる。

●経済的な豊かさは、量に重きが置かれる。一方、幸福感は質の変換によって生じるものであり、量では測れない。

●目的のない物質欲にとらわれると、お金が手に入っても幸せになれない。経済的な豊かさを求める際には、目的を明確にすることが大切。

第5章

年齢に関係なく健康になる脳

健康な状態を理解して継続力を向上させる

私のカウンセリングには、健康状態に悩まされているクライアントも数多く訪れます。そんな彼らの相談を聞いていているうちに、私は「健康になっていく人」と「そうでない人」の違いを見分けられるようになりました。

それは、継続できるかできないかの違いでした。

非常にシンプルですが、**何事も継続できる人は健康状態を向上させ、継続できない人は、状態を悪化させる傾向がある**のです。

両者の根本的な違いは、必要なものに対する理解度合いと言っていいと思います。健康のためには身体にいい習慣を継続しなければならないことを理解し、それを実際に続けられる人は、健康状態を取り戻していきます。

脳の研究は進歩し続けています。

この数十年でも今まで提唱されていたことと実際の実験結果が相違する例は多数あ

ります。

例えば、白米を食べたときに反応する脳は、動物脳である大脳辺縁系ですが、玄米を食べて美味《おい》しいと感じるのは、人間脳の前頭連合野ということも最近になってわかったことです。

これまでは、味覚は動物脳が反応していると考えられていました。ところが、知識に基づいて食べ物を厳選すると、それらを口に入れたときの脳の反応部位が変わるのです。こうなると、今まで美味しいと感じていた食べ物の種類も変わってくる可能性があります。

白米と玄米では、前提となる知識がない場合、人間の味覚では明らかに白米のほうを美味しいと感じます。ところが、玄米は複合蛋白《たんぱく》であり、多様の栄養素を含むことを学ぶと状況は変化します。学習を通して玄米を食べ続けることによる健康面でのメリットについて理解すると、脳は白米ではなく、玄米を美味しいと感じるようになるのです。その際に反応する脳の部位は、動物脳である大脳辺縁系ではなく、人間脳である大脳新皮質内の前頭連合野となります。

知識をベースに理解を強めることができれば、人は自《おの》ずとそれを継続させられるものです。したがって、健康習慣を促す脳の形成に絶対必要なのは、「健康を理解すること」と言っていいでしょう。これができれば、確実に継続力が付いてきます。**継続力とは、すなわち理性的判断なのです。**

健康志向は人間的成長の根源

そもそも、私たちはなぜ健康である必要があるのでしょうか？

健康に関する書籍はあまたありますが、私は、それらの中から確固たる答えを見つけたことがありません。たいていの本は、「健康であるのは人としての基本姿勢である」といった簡単な定義付けがされ、それで終わりです。

もしも自分が深夜に友人からメールをもらい、今から家に来てほしいと頼まれたとしましょう。その際、行くか行かないかは、来てほしい理由によるのではないでしょうか？　その理由が「なんとなく来てほしいから」だったり、「友人なら深夜でも家に来てくれるのは当然」といったものだったら、よほど特殊な関係でない限り行かないはずです。

一方、「母親の体調がおかしいので、大至急、助けてほしい」といった理由なら、急行するでしょう。このように、理由によって私たちの行動や意欲は変わります。

この例を基に考えると、健康でなければならない理由は「意識進化（自らの意識を啓発し、進化させること）」のためです。

ところで、**人間の成長とは、知性の質と量の向上を達成すること**です。

それまではストレスに感じていたことが、いつしかストレスではなくなった場合、これは自分の知性の質と量が向上したと考えられます。

このような変化を、精神論的に「人間的成長」などと言って片付けてしまう傾向がありますが、それでは定義が曖昧なままです。そうではなく、人間的成長とは、知性の質と量の向上と捉えてください。

以前は、Ａという物事に対して前向きな解釈をしておらず苦手だったのが、知識を得ることによってＡという物事に対する解釈が変わり、苦手ではなくなったとしましょう。この場合、Ａに対して最適な解釈が身に付いた証拠であり、新しい情報のインストールなのです。このように、私たちの成長は、情報（知性）の入力によって起こります。

玄米の例で述べたとおり、新しい情報（知性）を得たことで、味覚さえも変わってしまうことがあります。

つまり意識進化とは、情報の質と量の向上を指すものであると同時に、健康を志向すると人間的成長も促されるのです。

不健康が論理矛盾を引き起こす

私たちの脳は、「自分のことだけを考えさせる」ようにできています。脳がそうさせる理由は、何度か述べているように生命維持のためです。

私たちは、生きているからこそ様々な出来事を体験できます。喜怒哀楽すべてのことは、生きているからこそ起こるのです。

話が少々逸れますが、脳が不活性な人は論理矛盾を起こしがちです。やりたいけどやれない、痩せたいけど食べてしまう、話したいけど話せない……などは、すべて論理矛盾と言っていいでしょう。

なぜ論理矛盾が起こるかと言うと、自己満足を目的にしてしまうからです。自分を満足させるためだけの思考は、必ず論理矛盾を起こします。人は1人で生きているわけではありません。必ず外部との接触があり、その中で、自分の考えとは異なる出来事にも遭遇します。だからこそ、高い視点から事象を見つめ、両者の一致点を見出し、融合させていく必要があるのです。

では、なぜ人は自己満足の思考をしてしまうのでしょうか？

それは、次のような理由からです。

①病んでいるから
②弱っているから
③衰えているから
④抑圧されているから

これらの状態に陥ると、生命維持が難しくなります。そのため脳は、強制的に自分のことを考えさせ、状態を好転させるように仕向けるのです。

このことからもわかるように、健康でないと人は意識を外に向けなくなります。繰り返しになりますが、**健康であることは成長の出発点**と言えるのです。

意識を進化させる7つの条件

意識進化を促すには、次の7つのポイントがあります。

①バランスを重視しながら身体（ボディ）の振動数を高める
②血液・細胞レベルを生物学的に高める
③心身のデトックス（代謝・排泄《はいせつ》・循環）を促進する
④意識進化に必要なメカニズムを学習する

⑤意識進化を邪魔している自身の思考・感情モデルを見つめ、書き換える
⑥古い生き方から新しい生き方への展開を行う
⑦高次情報にアクセスできる脳を形成する

これらのうち、特に健康に関わる①～③について解説していきましょう。

①バランスを重視しながら、身体（ボディ）の振動数を高める

私たちの肉体は、素粒子からできています（第1章）。素粒子は振動です。したがって、不健康や病気は、振動のバランスが乱れている状態であると言えます。

コマは、回転が速い状態では安定していますが、回転が遅くなるとバランスを崩します。振動のバランスとは、コマの回転を想像するとわかりやすいでしょう。バランスよく回転することで軸に力が集まっていきます。そのためには、適度な速さでバランスよく振動（回転）させなくてはなりません。

あらゆることにバランスは不可欠です。食事で言えば、これだけ食べていれば大丈夫というものはあり得ません。基本的には、日々の食生活のバランスを取ることが重

要です。

バランスの取れた食事をする中で、個別の食品をすすめるとすれば、私は豆腐を挙げます。豆腐の原料の大豆は、ブレインフードと呼ばれていて、その栄養素は、科学的にも癌の抑制や脳の活性化、脳内ホルモンの分泌を促進させるなど、様々な効能が認められています。

さらにはダイエットにも最適なのです。

加えて、メチオニン以外の必須アミノ酸も含んでいます。**質のいい豆腐を積極的に食事に取り入れることは、健康にとてもいい**のです。

②血液・細胞レベルを生物学的に高める

当然、運動も必要です。運動というと、フィットネスジムに通うことを考える人もいると思いますが、すぐに手軽にできるのが「ウォーキング」です。

ウォーキングは脳にとてもいいことが証明されています。ウォーキングに関する情報はたくさんありますので、**脳にいいと感じながらウォーキングを実践してみてください。**

③心身のデトックス（代謝・排泄・循環）を促進する

悩み続けているのは、循環が止まっている状態です。一説によると、病むとは「止《や》む」が語源になっているそうで、エネルギーの循環が止まった状態であると言われています。循環をよくするには、とにかく出すことです。出さなければ、入ってきません。私たちの身体だけでなく、宇宙も生成と還元、出力と入力でできているのです。ただし、何事も出力が先に生じなくてはいけません。

まずは出すことに重点を置き、一度出すことができれば、その後は自ずと入ってくると考えてください。水泳の息継ぎを習うとき、息を吸うことに意識を向けるのではなく、吐くことに専念すれば、続いて吸うこともできると指導されます。この教え方は実に理にかなっているのです。**健康を意識すると、いいものを体内に入れることばかり考えがちですが、そうではなく出すことに集中してください。**

実は、このことは心の健康についても言えることです。頭の中を悩みでいっぱいにしていたら、新しい情報は入ってきません。こんなときは、悩みをすべて紙に書き出してみるのです。これもデトックスの一種と言えます。

人とのコミュニケーションも大切です。

これを無視すると、循環が起こりません。声をかけられたら、それに応《こた》えてください。

それによりエネルギーの循環が起こります。

脳にいいことだけをやりなさい

脳の機能を改めてまとめると、次の3つに大きく分けることができます。

①肉体の制御と管理
②意識の制御と管理
③無意識の制御と管理

これら3つを細分化していきます。

◆肉体の制御と管理

①血液中の酸素量、呼吸リズムの管理・調整
②血流、心拍血圧、血液量の管理・調整
③血液中の栄養含量の管理・調整（不足時に栄養分の分泌を肝臓に指令したり、食欲中枢に指令する）
④体温の管理・調整
⑤体内の水分量の管理・調整
⑥ホルモンの管理・調整
⑦自律神経（睡眠・覚醒・全内臓・神経系・リンパ系）の管理・調整
⑧食欲・排泄・性欲の管理
⑨反射機能・運動機能の管理
⑩細胞の新陳代謝と遺伝子（ＤＮＡ）の管理
⑪人体を流れる電流系・エネルギー系の管理
⑫人体の左右・上下・前後のバランス調整

◆意識の制御と管理

①記憶・判断・言語中枢機能としての働き

②脳神経伝達の管理

③五感情報の分析、伝達指令

④意識・知性・情報の管理

⑤脳波の出力と管理

⑥自己意識・見当識の管理

◆無意識の制御と管理

①心や感情・感覚のイメージ化

②精神バランス機能の管理

③思考の原点と欲求の原点の管理

④直感・感性・感受性などの潜在脳力的な機能の管理

⑤脳と外部周波数との受発信・共鳴管理

肉体の制御と管理で言えば、①と②は連動しています。

全力で走ったとしましょう。すると息が切れます。

呼吸はゼーゼーと乱れ、心拍はドキドキし、血流はドクドクと流れ、血圧は高くなります。呼吸、心拍、血流、血圧は繋《つな》がっているのです。

これらは心臓と呼吸器にまつわるものですが、それらに指令を出しているのは脳なのです。したがって、心臓、呼吸器、心拍、呼吸、血流、血圧に関することは、それら各部位だけの問題ではなく、大元である脳の問題と言っていいでしょう。

次に③で言えば、ダイエットと関係があります。

食欲中枢に指令しているのも脳なので、基本的に、血中の糖分が下がると栄養を補給するように脳が指令し、私たちは空腹感を感じます。

その指令に従って食事をし、血中の糖分が必要量摂取できると、脳が満腹中枢に指令を送り、満腹感を得ます。しかし、これらの機能に障害が出ると、いくら食べても満足できない過食症や、食べることができなくなってしまう拒食症などの摂食障害に繋がるのです。こうした事態を招かぬよう、脳を正常に働かせる必要があります。

⑦は睡眠ですが、これも脳が管理しています。

睡眠は身体を回復させる最高の方法です。睡眠に勝る回復法はないと言っても過言ではないでしょう。

しかし、眠りが浅いなどの睡眠障害も脳の働きが関係しています。脳を活性化させることで睡眠障害を解消し、再び睡眠という回復法が施されれば、健康を取り戻すことが可能です。

これほど多くのことを脳が管理しているのですから、健康を自分のものにしたいのであれば、真っ先に脳にいいことを行いましょう。

心身を充実させるマインドフルネス

脳の中心機能は、デフォルトモードネットワークであるということは第2章で述べました。デフォルトモードネットワーク下では、脳は常に自分のことを考えます。

デフォルトモードネットワークの過剰作動を抑えるのに有効とされるのが、今盛んに取り上げられている**マインドフルネス**です。

マインドフルネスとは、デフォルトモードネットワークの機能を正常に働かせるために、「今ここ」「今この瞬間」に意識を集め、脳の過剰な働きを抑制しようという考え方です。様々な方法がありますが、ここでは至ってシンプルな方法をお伝えします。

まず、楽な姿勢になってください。

寝ていてもいいですし、座っていても結構です。つまり、どんな姿勢でもいいので、一番楽だと思う姿勢になってください。

次に、目を閉じて深呼吸をします。

吸う息は鼻から、吐く息は口から、ゆっくりと細く長く吐いて、ゆっくりと吸ってください。

目安として、吐くときはゆっくりと7カウントし、3カウント止めて、5カウントで吸ってみましょう。こうでなくてはいけないというものではありません。あくまでも目安です。

続けて呼吸をしながら、頭の中で（心の中で）言葉を繰り返します。この言葉は、自分にとっての座右の銘にしてください。

例えば私なら、「人生に乗り越えられないハードルはない」と繰り返します。この言葉を、目を閉じ、呼吸をしながら何度も唱えます。1回1回に間を空けて、一文字一文字、石版に刻み込んでいくようなイメージでしっかりと暗唱しましょう。

これだけです。

スマホのタイマーで、3分から5分くらいの時間をセットしておき、寝る前でも仕事中でもかまわないので行ってみてください。

実際にやってみると、まず物理的に視界が広がることに気が付くはずです。さらに心が落ち着いていきます。

穏やかな心理状態になれば、セロトニンやメラトニンといった健康にとって最高のホルモンの分泌を促せます。ぜひ実践してみましょう。

脳が驚異的に活性化する超睡眠法

睡眠に入るとメラトニンというホルモンが分泌されます。

すでに述べましたが、メラトニンは健康にとって最高のホルモンです。メラトニンをたくさん分泌できるようになれば、健康はさらに増進されます。メラトニンには、癌細胞の増殖を抑制する作用や、血管新生の抑制作用、DNAの修復作用などもあります。

そこで、脳を活性化させるメラトニンの分泌を促す睡眠法を紹介してみようと思います。

第4章で、催眠療法について述べました。催眠療法では、眠る一歩手前の状態を意図的に作り、理性が働かない状態にして、外部の情報を無意識脳にストレートに刻み込んでいきます。その際に、ネガティブなことを注入すると、それが無意識脳に浸透し、悪影響をもたらします。

眠る一歩手前の状態とは、まさに寝際のことです。このときには絶対にネガティブなことを考えてはいけません。寝られないとき、羊を数えましょうと言ったりしますが、いくら羊を数えても、脳にいい影響が起きるとは考えられません。

寝際に思い浮かべることで一番いいのは、感謝の気持ちです。一説では、感謝すると脳波がシータ波になると言います。
シータ波はベータエンドルフィンという脳内ホルモンの分泌を誘発します。
このホルモンは、脳内麻薬とも呼ばれていて、特に痛みに対して効果を発揮します。
つまり、病気に対して非常に有効なのです。

寝際に、身近な人を思い浮かべながら、「○○さん、いつも本当にありがとう。感謝します」と心の中で唱えてみてください。これを意識がなくなるまで続けます。実際にやってみると、次の日の寝起きがとても爽快であることに気が付くでしょう。
目を覚ましたら、すぐに起きず、布団の中に入ったまま、5分くらい過ごします。この目覚めの5分間の過ごし方が、起床後の脳の状態に強い影響を与えます。目覚めた直後は、メラトニンの分泌からセロトニンの分泌にシフトするタイミングなのです。この時間を使い、次の言葉を繰り返し唱え、無意識脳に植え付けてください。

「私の脳は生き生きとして活性化している」
「私の内臓は生き生きとして活性化している」

「私の血管は生き生きとして活性化している」
「私の骨は生き生きとして活性化している」
「私の神経は生き生きとして活性化している」
「私の細胞は生き生きとして活性化している」

寝起きはボーっとしていることも多いので、やろうと思っても忘れてしまうかもしれません。それを避けるために、起きてすぐ目に入ってくる場所にこれらの言葉を書き写した紙を貼っておきましょう。あるクライアントは、天井に貼っていると言っていました。

1週間続けると、変化を実感できると思います。

時間を圧縮する脳で時空を超える

私たちのほとんどが、時間についての解釈を誤っています。この解釈を変えなければ、真の脳覚醒はないと言っていいでしょう。

通常、時間は過去から現在、そして未来へと流れていくものと考えられています。しかし冷静に考えてみると、時間は未来からやってきて、現在、そして過去へと流れていくものだとは思いませんか？

時間を、作動中のベルトコンベア上に置かれたボールだと見立ててください。ベルトコンベアの起点（地点A）を過去、中間の地点Bを現在、終点（地点C）を未来とします。もしも時間が過去から現在、未来へと流れていくなら、ボールは地点Aから地点B、地点Bから地点Cへと移動することになるはずです。では、時間が経過するにつれて、地点Bにあったボールは、未来（地点C）に移動するということでしょうか？

そんなことが起きるはずがありません。時間が経過すれば、ボールはベルトコンベアの流れとは逆に地点B（現在）から地点A（過去）に移動しているはずなのです。

私たちは、時間は過去から現在、そして未来へと流れていくと教えられました。このため、人生はなかなか変えられないと思い込んでいます。過去の出来事は現在に引き継がれ、さらにそれは未来にも持ち越されるとなれば、自分をダメな人間だと思っている人は、現在もダメな人だし、未来もダメな人のままです。しかし、実際はそんなことはありません。

歴史的に見ると、このような概念は権力層の人間が意図的に一般層に刷り込んだのではないでしょうか。例えば、奴隷自身が、明日も奴隷、明後日も奴隷、来年も奴隷と思ってくれれば、権力層としては統治をするのが楽になります。こうした背景があって、時間は過去から現在へ、そして未来へと流れるという概念が作られた気がしてなりません。

しかし、先ほど説明したように、時間は過去から現在、未来へと流れていくようなことはなく、常に未来からやってくるのです。そう考えられた瞬間、私たちの意識は飛躍的に変わります。

今、自分が坂に登っているとして、坂の上から赤いボールが転がってきたとしましょう。その際、それを無視することもできるし、キャッチすることも可能なのです。

ところが、これまでの時間の概念では、過去の出来事をベースに未来の選択を行ってきました。例えば、10分前に目の前を通り過ぎた青いボールのことを振り返り、今目の前にある赤いボールにどう対処しようかと悩むといった具合です。

しかし、真実の時間の流れをベースにすれば、過去にどんな選択をしたかは、現在の選択には一切関係なく、未来から流れてきたボールだけを見て、判断を下せばいいのです。さらに言うと、ベルトコンベアの起点（未来）からボールを流しているのは、他ならぬ自分自身だという意識を持ってください。

時間は未来から現在、そして過去へと流れていく……。

あなたが時間の流れについて理解を変えたときに、健康だけに収まらず、人生におけるすべてのよきものを手に入れることができるはずです。

だからこそ、はっきりとした意思を持ちつつ未来の自分を見定め、過去にとらわれずに今を生きていってください。

第５章　まとめ

●「健康になっていく人」と「そうでない人」の違いは、継続できるかできないか。

●何事も継続できる人は健康状態を向上させ、継続できない人は状態を悪化させる傾向がある。

●健康のためには身体にいい習慣を継続しなければならないことを理解し、それを実際に続けられる人は健康状態を維持できる。

●健康でなければならないのは、「意識進化（自らの意識を啓発し、進化させること）」を続ける必要があるから。

●人間の成長とは、知性の質と量の向上を達成すること。それまでストレスに感じていたことが、いつしかストレスではなくなった場合、自分の知性の質と量が向上したと考えていい。

●私たちの脳は「自分のことだけを考えさせる」ようにできている。その理由は生命維持のためである。

●健康でないと人は意識を外に向けなくなる。内向きになると人は衰えていく。健康であることが成長の出発点と断言できる。

●血液・細胞レベルを生物学的に高めるために、脳にいいと感じながらウォーキングをすること。

●睡眠は身体を回復させる最高の方法。睡眠に勝る回復法はない。

●マインドフルネスとは、「今ここ」「今この瞬間」に意識を集め、脳の過剰な働きを抑制しよという考え方。

●穏やかな心理状態になれば、健康にとって最高のホルモンであるセロトニンやメラトニンの分泌を促せる。

●睡眠に入るとメラトニンが分泌される。メラトニンには、癌細胞の増殖を抑制する作用や、血管新生の抑制作用、ＤＮＡの修復作用などがある。

●寝際には絶対にネガティブなことを考えてはいけない。寝際に思い浮かべるのは、感謝の気持ちが一番いい。これにより、ベータエンドルフィンという病気に対して有効な脳内ホルモンの分泌を誘発できる。

●時間は過去から現在、そして未来に流れていくのではなく、未来からやってきて、現在、過去と流れていくもの。

●時間の流れについて理解を変えたとき、健康だけに収まらず、人生におけるすべてのよきものを手に入れることができる。

おわりに

私がカウンセラーになることを決心したのは、高校3年生に起きたある出来事がきっかけでした。当時の私は、決して胸を張れるような生き方をしておらず、むしろ社会や地域に迷惑をかけて過ごしていたのです。いわゆる不良でした。

きっかけとなった出来事は、高校卒業を2カ月後に控えた1月3日に起こりました。別の学校に通う知り合いがラグビーの全国大会に出場することになり、私の仲間たちが試合を見に行く計画を立てたのです。中型バイクで6人、私が運転する車で4人、合計10人で応援に行くことが決まりました。

ところが、出発当日は非常に寒く、バイクで行く予定だった6人がすべて私の車に乗り込むことになり、総勢10人で車を走らせることになったのです。

一行はいざ、地元名古屋からラグビー全国大会開催の地、花園ラグビー場へ。ところがその途中、スピードを出し過ぎたせいでハンドル操作を誤った私は、車をスピンさせてしまい、歩道に立っていた石柱へ車を激突させてしまうのです。

この事故で、同乗していた友人の1人は即死。後輩は頸椎《けいつい》を損傷し、右半身不随になりました。

人が死ぬのを目の当たりにしたショック……そして、それが自分の友人という事実。私はその事故以降、自責の念に駆られ続けました。すると精神が徐々に不安定となり、幻聴や幻覚に悩まされ始めます。さらには味覚障害に陥り、景色が白黒に見えるなどの症状に襲われるようになるのです。

この時点で、私はとうとう自殺を決意しました。

私の状態を心配したのは次兄でした。彼の紹介でカウンセラーの先生に会うことになるのです。

そのカウンセラーの先生との1時間の会話は、とてつもないパワーを持っていました。自殺を決心していた私の心を、がらりと変えてしまったのです。この日を境に、私は「死」ではなく、「生」の道を選ぶことにしました。

カウンセリングを受けてからというもの、私は「カウンセラーになりたい」と思うようになります。

カウンセラーとして他人を助けることができたなら、私のミスで命を落とした友人の死に何らかの意味を添えることができるのではないかと考えたのです。


現在、私がカウンセリングを行っているのは、それが贖罪《しょくざい》となることを願ってやまないからです。スピリチュアルのヒーラーからは、「そんなに自分を責めないで、解放してあげなさい」と言われたことが何度もありましたが、私はその言葉を受け止めることができませんでした。

自分のせいで人が死んでしまった。それを忘れられるはずがない。


今の私は、この事実を暗く受け止めているわけではありません。むしろその出来事を思い出したときに湧いてくる強い思いを、クライアントの状況改善のために傾けていこうと常に必死になっています。

こうした事情を抱えているため、クライアントに向き合い、助けてあげたいと願う気持ちは私の「執念」なのです。

私が担当するクライアントは、絶対にハッピーになってもらわなければならない。そうでないと、私は若くして亡くなった友人に顔向けができません。

本書には、クライアントに対して私がいつも抱く思いを注ぎ込んでいます。クライアントと真剣にやり取りしてきた中で見つかった答え、そして、より的確に伝えられないかと模索してきた独自の理論を、心を込めてつづっていきました。

読者すべてに何らかの形で役立ててもらえれば、亡き友人だけでなく、私を頼ってくれたクライアントたちも喜んでくれる気がします。

ちょっとしたことで人生は変わります。本書をきっかけとして、輝かしい人生があなたの前に現れることを心から願っています。

２０１７年９月

増田勝利

参考文献・資料

※1
マイケル・B・セイボム『「あの世」からの帰還―臨死体験の医学的研究』（日本教文社、2005年）
サム・パーニア『科学は臨死体験をどこまで説明できるか』（三交社、2006年）
立花隆『臨死体験』（文春文庫、2000年）
ケヴィン・ネルソン『死と神秘と夢のボーダーランド：死ぬとき、脳はなにを感じるか』（インターシフト、2013年）

※2
苫米地英人『残り97%の脳の使い方【ポケット版】』（フォレスト出版、2017年）

※3
Buckner, R. L., Andrews-Hanna, J. R., & Schacter, D. L. (2008). The brain ˊs default network: anatomy, function, and relevance to disease. Annals of the New York Academy of Sciences, 1124, 1–38.
Raichle, M. E., MacLeod, A. M., Snyder, A. Z., Powers, W. J., Gusnard, D. A., & Shulman, G. L. (2001). A default mode of brain function. Proceedings of the National Academy of Sciences of the United States of America, 98, 676–682.
Osaka, M., Yaoi, K., Minamoto, T., & Osaka, N. (2013). When do negative and positive emotions modulate working memory performance? Scientific Reports, 3, 1375.
久賀谷亮『世界のエリートがやっている 最高の休息法――「脳科学×瞑想」で集中力が高まる』（ダイヤモンド社、2016年）
苧阪満里子「デフォルトモードネットワーク（ＤＭＮ）から脳をみる」
大阪大学大学院人間科学研究科「生理心理学と精神生理学」31(1) 1–3, 2013

※4
桜井邦朋『宇宙には意志がある―最新科学がついに解明』（徳間文

庫、2001年）
足立育朗『波動の法則―宇宙からのメッセージ』（ナチュラルスピリット、2007年）
川又審一郎『ＺＥＲＯの法則』（ラ・テール出版局、1998年）

※5
高野康夫編『解剖生理学（第1版 ed.）』（化学同人、2004年. pp. 245.）
George Fink, Donald W. Pfaff, Jon Levine (Dec 13, 2011). Handbook of Neuroendocrinology (first edition 2012 ed.). Elsevier Inc.. pp. 894. ISBN 978-0-12-375097-6.
Hong Jiang, M.D., Ph.D., and Leonard Chess, M.D. (march 16, 2006). “Regulation of Immune Responses by T Cells”. The new england journal of medicine 354(11): 1166-1176
Luigina Romani (April 2011). “Immunity to fungal infections”. Nature Reviews Immunology: 275-288. doi:10.1038/nri2939

※6
樺沢紫苑『脳を最適化すれば能力は2倍になる 仕事の精度と速度を脳科学的にあげる方法』（文響社、2016年）

※7
篠浦伸禎『驚異の「ホルミシス」力―眠っている能力を蘇らせ人間力をアップさせる』（太陽出版、2013年）
篠浦伸禎『戦争好きな左脳アメリカ人、平和好きな右脳日本人』（かざひの文庫、2017年）
Shinoura N, Yamada R, Tabei Y, Otani R, Itoi C, Saito S, Midorikawa A. Left or right temporal lesion might induce aggression or escape during awake surgery: role of the amygdale. Acta Neuropsychiatrica 23(7), 119-24, 2011.
Shinoura N, Yamada R, Tabei Y, Otani R, Itoi C, Saito S, Midorikawa A. Damage to the right dorsal anterior cingulate cortex induces panic disorder. J Affect Disorders 133, 569-72, 2011.

増田勝利（ますだ　かつとし）

ブレインカウンセラー／ヒューマンエンジニア。

1978年9月4日生まれ。愛知県名古屋市出身。脳科学・量子物理学・心理学・哲学・経済学等をベースにしつつ、自身の経験に基づき『脳大成理論』を体系立て、独自の心理術の集大成である『可能性開発プログラム』を構築。

18歳の時に交通事故にて友人が死去。自責の念にかられたことがキッカケでカウンセリングを受け、それを克服。以降、2年間は化粧品・健康食品メーカーにて美容健康産業に携わり、医療・美容を学習する。退社後、約18年間研修会社に勤務し心理学を学び、教育事業の経営と全国各地での講演・研修・企業コンサルティングを行う。講演会・研修の開催回数は500回を超え、カウンセリングのクライアント数は延べ2万人を超える。全国における各分野での講演活動はたちまち高い評価を受けた。

現在は独立し、全国各地で講座活動・講演活動・講師育成を行い『可能性開発プログラム』を提供する。人間関係・健康・美容・ビジネス・スポーツ・経営等ジャンルにとらわれない幅広い分野でメソッドを提供出来る。ユーモラスで分かりやすく、かつ論理的な内容は各地で人気を博している。

著書に『悩みをパワーに変える技術』（幻冬舎）、『「可能性」を見つけた男の真・成功へのアルゴリズム』（かざひの文庫）がある。

脳内麻薬《のうないまやく》で成功中毒《せいこうちゅうどく》

2017年 9月25日 初版発行
2017年11月29日 2刷発行

著 者——増田勝利

発行者——森山鉄好

発行所——冬至書房
〒113-0033 東京都文京区本郷 2-30-14
電話 03-3868-8500 FAX 03-3868-8510

印刷・製本——新日本印刷

ISBN978-4-88582-192-9 C0030 Printed in Japan